D1358223

collection dirigée par Lyonel Rossant

Les maladies ORL
de l'enfant

Michel LEGROS
Professeur d'Otorhinolaryngologie
à la Faculté de Médecine de Reims
Chef de service au CHU de Reims

BEACONSFIELD
BIBLIOTHEQUE • LIBRARY
303 Boul. Beaconsfield Blvd. Beaconsfield. PQ
H9W 4A7

ellipses

REJETE
DISCARD

Dans la même collection

Le Docteur Lyonel Rossant, pédiatre, expert auprès des tribunaux, s'intéresse depuis plusieurs années à la vulgarisation et à la communication médicales. Il est l'auteur de nombreux ouvrages, parus notamment dans la collection « Que sais-je ? » des PUF et dans la coll. « Bouquins » de Robert Laffont. Il anime également des émissions de radio.

Les Accidents vasculaires cérébraux, A. Dunac • *Allergies et environnement*, R. Navarro-Rouimi • *L'Asthme de l'enfant*, G. Dutau • *Un « tabou » nommé Alzheimer*, H. Drera & P. Brocker • *La Chirurgie esthétique*, V. Mitz • *La Contraception*, Y. Malinas • *La Dépression*, L. Roure • *Le Diabète non insulinodépendant*, P.-J. Guillausseau • *L'Enfance maltraitée*, Y. Tyrode & S. Bourcet • *L'Enfant et les Animaux*, L. Rossant & V. Villemin • *L'Enfant hyperactif*, D.-J. Duché • *L'Épilepsie*, P. Genton & C. Remy • *La Forme au quotidien*, P. Laure • *Les Gélules de la performance*, P. Laure • *Guide pratique de diététique*, J.-C. Basdekis • *Les Hépatites et leurs virus*, D. Ouzan • *L'Homéopathie*, E. Ducot • *L'Hypnose clinique*, J. Gorisse • *L'Hypnose en sexologie*, J. Gorisse • *Maladie de Creutzfeldt-Jakob, maladie de la vache folle*, N. Kopp • *Les Maladies ORL de l'enfant*, M. Legros • *Médecins et sexualités*, Y. Ferroul • *La Méditation thérapeutique*, Y. Tyrode & N. Barte • *La Mort subite du nourrisson*, 2e édition, Association le Cairn • *La Peau*, M.-P. Hill Sylvestre • *La Peau neuronale ou les nerfs à fleur de peau*, L. Misery • *La Pédophilie ou les maux d'enfants*, N. et J.-M. Grafeille • *Les Perversions sexuelles*, S. Finger • *Le Retard scolaire. Retard vrai ou maturité décalée*, G. Vermeil • *Sexualité et société*, S. Finger • *La Sexualité féminine*, Y. Ferroul • *Sexualité masculine. Grandeur et défaillances*, M. Bonnard • *Le Sommeil en question*, M.-G. Blaquières • *Le Sourire. Un art de vivre*, G. Dupeyrat • *Le Suicide*, M. Debout • *Surdité et souffrance psychique*, F. Pellion • *Les Troubles de l'adolescence*, S. Bourcet, Y. Tyrode & C. Rascle • *Vaccins et vaccinations*, L. Rolland & A. Cruz-Cubas.

ISBN 2-7298-1126-5

© Ellipses Édition Marketing S.A., 2003
   32, rue Bargue 75740 Paris cedex 15

www.editions-ellipses.com

introduction

Nous avons découvert un ancien livre familial datant du début du siècle, ayant pour titre *La femme médecin au foyer* du Docteur Abba Fischer, ouvrage traduit par les Docteurs Louis Azema et M. Kaplan. La première partie concerne les soins de la santé, la deuxième, la thérapeutique avec, comme introduction « Celui-là seul, est sage qui fait son profit de tout. La thérapeutique est l'art de développer les forces vitales ».

À la lecture, on s'aperçoit de l'évolution considérable de la médecine en un siècle, tant du point de vue de la connaissance des maladies que de leur approche thérapeutique.

Nous ne pouvons nous empêcher de citer quelques thérapeutiques, telles que « La cure de pomme de terre : quand on a avalé un corps étranger, par exemple, un morceau de cuivre ou des objets pointus, on prend aussitôt une purée de pommes de terre, pour que l'objet puisse être complètement enveloppé puis expulsé, sans occasionner de blessures. De cette manière, on arrive souvent à se débarrasser des corps étrangers les plus dangereux, sans aucune lésion. Si elles sont retardées à cause des masses durcies, on les facilite le lendemain, par un lavement ». On est bien loin de l'extraction des corps étrangers œsophagiens, sous endoscopie.

« L'empoisonnement par la nicotine : le principe toxique du tabac est la nicotine qui a une action très forte sur les nerfs de l'estomac, elle peut déterminer des cures de faiblesse et le vertige. Les femmes devraient exercer leur influence sur leur mari pour qu'ils soient plus modérés dans l'usage de ce produit nauséabond. Celles qui fument par coquetterie ou par divertissement, ne sont pas raisonnables et donnent un exemple déplorable à leurs enfants. Si notre sexe contracte de mauvaises habitudes et se laisse aller à des passions ineptes ; les bonnes mœurs, la raison et l'hygiène seront à jamais bannies du foyer », où en est notre campagne anti-tabac ?

En feuilletant ce livre, nous avons pensé qu'il serait bon de le mettre au goût du jour, en particulier pour les affections du nez, de la gorge et des oreilles de l'enfant, que notre spécialité vise à traiter. Souvent, la mère de famille se trouve face à des problèmes médicaux relevant de cet ordre. En effet, la moitié des enfants traités médicalement, sont atteints d'affections ORL.

L'objet de notre livre n'est pas un traité de thérapeutique, mais un essai d'explications destiné aux étudiants en médecine, aux médecins, mais aussi aux mères de famille, et un recueil de conseils pour éviter maladresses, erreurs, affolement inutile, voire une trop grande insouciance.

Nous décrirons, ici, les différentes affections « Nez-Gorge-Oreilles » de l'enfant, et envisagerons les orientations thérapeutiques.

Nous citerons des extraits du livre (voir guillemets) du Docteur Abba Fischer pour illustrer l'évolution de notre spécialité durant un siècle.

Le dernier chapitre de ce livre regroupe les informations destinées aux parents concernant certaines interventions chirurgicales, elles sont recommandées par le Collège d'ORL et de Chirurgie cervico-faciale.

Fosses nasales et sinus

Coryza

■ « C'est l'inflammation catarrhale de la membrane muqueuse des fosses nasales. Le coryza est quelque fois provoqué par des corps irritants en contact direct avec la membrane pituitaire, mais ordinairement, il résulte de l'impression du froid sur une partie plus ou moins étendue de la muqueuse, et surtout du refroidissement partiel de la tête ou des pieds. Si la gorge et les bronches sont prises en même temps, on est en présence de l'influenza, et non du coryza. »

« Il faut faire, pour la nuit, des enveloppements du thorax, appliquer des bouillottes, prendre de fréquents bains de jambes à 40 °C, rincer le nez et la bouche plusieurs fois par jour, oindre les bords du nez avec un corps gras et, par un temps froid et humide, rester dans une chambre où la température est maintenue uniforme. Il faut éviter la poussière, la chaleur, et les aliments excitants : calmer la soif par la citronnade, les fruits et ne s'alimenter que de légumes. »

Le coryza, c'est le rhume « commun », le rhume de cerveau.

Il est dû à bon nombre de virus. Sa contagiosité se fait par les gouttes de Flüge, dispersées par les personnes qui toussent. Il se manifeste par une gêne respiratoire nasale, un écoulement nasal clair, des éternuements, des larmoiements, des douleurs faciales et crâniennes. L'évolution se fait sur une semaine. Mais des

complications sont possibles du fait d'une surinfection bactérienne : otite, sinusite, laryngite, trachéite, bronchite.

Du fait de la diversité des virus, aucune vaccination n'est
possible. Seul, un traitement symptomatique sera prescrit en particulier, les antihistaminiques. L'antibiothérapie n'est justifiée qu'en
cas de complication.

Localement, il faut vider et nettoyer les fosses nasales des
sécrétions qui les encombrent. Chez le grand enfant, ce résultat est
obtenu par un mouchage correct en faisant une guerre acharnée
aux mouchages violents et aux reniflements, responsables d'otites.
Chez le nourrisson, on rétablit la perméabilité nasale, soit par aspi-
ration douce, soit en utilisant un mouche-bébé. Toutes les gouttes
nasales seront à proscrire en dehors de l'instillation de sérum physiologique ou d'eau de mer tiédis qui permettent de fluidifier les
sécrétions.

Chez le nouveau-né, les progrès de l'asepsie au cours de
l'accouchement, ont fait pratiquement disparaître la fréquence et la
gravité des rhinites septiques :
- rhinites infectieuses à germe banal ;
- rhinite à staphylocoque doré, due à une infection du
  mamelon ;
- rhinite streptococcique due à la contamination du nouveau-
  né au passage de la filière génitale ;
- coryza gonococcique, conséquence d'une inoculation directe
  de la muqueuse par les sécrétions vaginales de la mère
  pendant l'accouchement ;
- coryza congénital précoce syphilitique heureusement devenu
  exceptionnel.

Éternuement

■ « C'est un mouvement subit et convulsif des muscles expirateurs par
lequel l'air chassé avec rapidité, heurte les parois anfractueuses des
fosses nasales, y occasionne un bruit strident et entraîne les mucosités

de la membrane pituitaire. Il peut être causé par le rhume ou un mouvement réflexe, comme c'est le cas chez les personnes nerveuses et dans certaines affections utérines. Il ne faut jamais retenir l'éternuement, au contraire, car il soulage, en supprimant une certaine tension dans le corps, mais on ne doit jamais employer le tabac ni d'autres moyens sternutatoires, car ils émoussent la sensibilité de la muqueuse. »

Excrétions

■ « On entend par là, les sécrétions de la muqueuse qui tapissent les organes respiratoires, qu'elles viennent du nez, du pharynx, des grosses ou petites bronches des poumons. Dans les catarrhes, et les fortes inflammations, la sécrétion des glandes de la muqueuse augmente et l'on mouche et crache beaucoup. Ces sécrétions contiennent suivant le cas, des glaires, du pus, des globules du sang, de la poussières, des cellules épithéliales. Suivant le caractère des excrétions, on peut juger de l'état maladif. Lorsqu'elles sont légères, claires, mousseuses, cela indique un catarrhe bénin de la partie supérieure des voies respiratoires ; les crachats jaunes, purulents, décèlent un catarrhe chronique du nez ou de la trachée. »

Traitement

« Tant que l'organisme est vigoureux, il rejette les sécrétions et il faut l'aider par le régime de la chaleur. On prescrit, utilement, des compresses d'eau chaudes autour du cou et entre les épaules, et pour diminuer la toux, des bains alternatifs, l'eau miellée, des infusions de graines de lin prises par petites gorgées. »

La rhinite spasmodique

■ « **Nez** : les inflammations chroniques de la muqueuse nasale sont un mal très fréquent. C'est la rhinite chronique qui doit être traitée par un massage interne, des bains d'air chaud, des bains de vapeur aux jambes avec affusions froides des genoux. »

La rhinite spasmodique est fréquente chez l'enfant d'âge moyen. Elle se manifeste par des crises d'éternuement associées à un écoulement nasal bilatéral aqueux, une obstruction nasale. Parfois sont associés un larmoiement, une conjonctivite.

Avant de parler d'allergie, il faudra la prouver par un interrogatoire minutieux des parents et différents tests, désensibilisation et éviction de la substance incriminée seront proposés. Sinon, il s'agit de rhinites non allergiques où les facteurs climatiques et psychiques jouent en grand rôle ; le traitement reposera sur les antihistaminiques, la corticothérapie locale, éventuellement des cures thermales.

Les rhinopharyngites de l'enfant

Actuellement, plus que jamais, les rhinopharyngites restent l'affection la plus fréquente, chez l'enfant. Si la banalité des symptômes, son évolution en général favorable ne la placent pas dans le cadre des maladies importantes, il faut reconnaître qu'elle demeure une des moins bien connues et des plus mystérieuses maladies.

L'étiologie nous échappe, la thérapeutique n'est pas souveraine, la reprise de la maladie déconcerte.

L'évolution se fait par poussées aiguës sur un fond d'infection du nez et du pharynx. Cela est dû, en partie, au fait que le nez et le pharynx représentent le premier champ de bataille de la lutte anti-infectieuse et de la constitution de l'immunité. Les formations lymphoïdes (amygdales, végétations) sont les avant-postes de cette lutte anti-infectieuse et de formation des anticorps.

Il arrive que la rhinopharyngite se complique localement : conjonctivite, otite, sinusite ; elle peut entraîner une atteinte de l'état général : mauvaise ventilation pulmonaire, anémie, retard pondéral, créant chez l'enfant, des conditions peu favorables à son développement et, chez les parents un état d'inquiétude.

Les agents agresseurs du rhinopharynx sont, bien entendu, les bactéries, mais surtout les virus, sans oublier les poussières, les particules allergisantes inhalées lors de la respiration. Contre cette agression, le rhinopharynx dispose de facteurs de défense.

La muqueuse nasale, revêtement intérieur des fosses nasales, ou muqueuse pituitaire, secrète du mucus, qui en se déposant, va retenir les agents agresseurs. Cette couche de mucus devient un véritable tapis roulant entraîné par le mouvement des cils vibratiles, dont dispose la muqueuse. Les particules et les microbes sont véhiculés d'avant en arrière, puis déglutis et stérilisés par l'acidité de l'estomac.

Certaines substances anti-microbiennes et anti-virales sont également sécrétées par la muqueuse nasale. Dans certaines conditions, ces moyens de défense peuvent être altérés. La sécheresse excessive de l'air gêne l'activité ciliaire et dessèche le mucus. N'est-ce pas le cas dans nos appartements surchauffés ? Il en va de même pour tout excès que ce soit humidité, brouillard ou variations thermiques brutales. La pollution de l'air dans les grandes agglomérations, augmente le nombre des particules. Les abus de thérapeutique locale, tels les vaso-constricteurs, détériorent la trophicité de la muqueuse, les gouttes huileuses empêchent le mouvement ciliaire, les gouttes d'antibiotiques entraînent à la longue une allergie secondaire. La carence vitaminique (A, B, C) provoque des lésions de la muqueuse facilitant la pénétration des agents pathogènes. Mentionnons la nocivité des bains en piscine, certaines muqueuses résistant mal aux désinfectants, telle l'eau de Javel. En revanche, les bains de mer ont un effet bénéfique. Le mode de vie intervient : crèche, école maternelle.

Un autre moyen de défense reste les anticorps (immunoglobulines) sécrétés au niveau du mucus et au niveau des organes lymphoïdes que sont les amygdales et les végétations. On a souvent l'impression que, chez certains enfants perpétuellement enrhumés, il y a une carence mineure, dans la production de ces anticorps.

Enfin, il faut toujours rechercher un terrain atopique surtout par l'interrogatoire des parents qui permet de retrouver la notion d'antécédents allergiques dans 50 % des cas, soit chez l'enfant (eczéma, asthme), soit chez les frères et sœurs, soit chez les parents.

Du point de vue clinique, nous distinguons deux groupes de rhinopharyngites, les unes dues aux végétations adénoïdes, les autres que nous appelons les rhinopharyngopathies.

Les rhinopharyngites, imputables aux végétations adénoïdes se caractérisent, en premier, par des signes d'obstruction nasale, provoquée par l'hypertrophie de ces végétations situées en arrière du nez. Cela se manifeste par une respiration buccale permanente ou devenant manifeste la nuit, un ronflement continu, parfois des accès de toux, et des cauchemars réveillant l'enfant. Cette gêne respiratoire existe même en dehors des épisodes d'infection aiguë.

▪ Info 1 ▸ « L'adénoïdite » caractérise l'infection aiguë des végétations et se manifeste simplement par une augmentation de la température à 38-39°, plus importante le matin. Peuvent apparaître, au niveau du cou, des ganglions. Cette affection risque d'entraîner des complications : otites, trachéites, bronchites. Ces rhinopharyngites adénoïdiennes bénéficient de l'ablation des végétations adénoïdes, il n'existe pas d'âge minimum, ni de période spécifique pour cette intervention appelée adénoïdectomie.

Les « rhinopharyngopathies » se présentent d'une façon tout à fait différente. La rhinite, c'est-à-dire l'infection du nez, constitue, par elle-même, une véritable infirmité déclenchée par les moindres variations de température, le moindre courant d'air, la moindre variation climatique. Elle contraint le petit malade au confinement. Clair au début, l'écoulement nasal devient jaunâtre, épais. Le nez est bouché, les narines rouges, la face paraît gonflée.

Souvent, des éternuements surviennent au lever ou sporadiquement pendant la journée. On note parfois des douleurs au niveau du front, de la toux.

Le rhume débute dès l'automne et persiste jusqu'au printemps, voilà des enfants perpétuellement enrhumés !

Des épisodes aigus sont susceptibles de provoquer : otites, laryngites, bronchites.

L'ablation des végétations, voire des amygdales, reste le plus souvent sans effet. Nous sommes en présence d'enfant dont les défenses sont amoindries ; la muqueuse nasale réagit mal, l'organisme paraît affaibli.

« Docteur que faire ? »

En premier lieu, il convient de prendre des mesures d'hygiène, le système de surprotection, instauré par la famille est porteur de maléfices. Faire vivre cet enfant fragile à l'abri de l'air, de la lumière, du froid, de l'exercice sous prétexte bien intentionné de lui éviter de nouvelles poussées de rhinopharyngite, entraîne, en contre-partie tous les méfaits du confinement, de la privation du soleil et du manque d'exercice. Loin de rétrécir, à l'excès, la vie de ces enfants, nous conseillons la reprise progressive d'une vie non protégée : pièces non surchauffées, fenêtres entrouvertes, vie au grand air, gymnastique respiratoire, pratique du sport, séjour en montagne. Seuls les bains en piscine seront contre-indiqués dans un certain nombre de cas. Il est souvent malaisé de faire percevoir aux parents, les bons résultats éloignés de cette politique, car une rechute survenue après une tentative d'élargissement du régime, paraîtra comme conséquence d'une audace, voire même d'une imprudence.

Face à des infections respiratoires récidivantes, se pose le retrait temporaire des collectivités : crèches, école maternelle. Pour nous cela sera exceptionnel, car nous pensons que les différents traitements préventifs peuvent aider les enfants à se défendre des agressions virales et microbiennes et à s'adapter à leur milieu.

Parents, déculpabilisez-vous et tenez bon. Évitez de trop habiller vos enfants, oubliez bonnets et cache-nez, mais veillez à ce qu'ils n'aient pas froid aux pieds. « On attrape le rhume par les pieds et non par la tête ! »

Le terrain pourra être traité par des médicaments à base de soufre, de fer, de vitamines, de calcium et de cystéine. Les défenses de l'enfant sont souvent renforcées par une immuno-thérapie générale (Biostim®, Imocur®, Ribomunyl®…) et locale (Irs 19®, Rhinopten®, Ribomunyl®…) qui aide la formation des anticorps. Les cures thermales soufrées pourront enfin être bénéfiques pour l'enfant après 6 ans.

Un traitement homéopathique peut être indiqué avec deux objectifs : stimuler les défenses naturelles de l'organisme et moduler les réactions de la muqueuse rhinopharyngée.

• **Au stade de début de coryza :**

Dans tous les cas :

– *Oscillococcinum 200,* 1 dose trois fois par jour ;
– *Allium Cepa Composé*, 5 granules toutes les heures ;
– *Arsenicum Album 9 CH*, si l'écoulement est important et s'accompagne de fatigue.

Dans les écoulements muqueux chroniques :

– *Dulcamara 9 CH* ;
– *Kalium Muriaticum 9 CH* ;
– *Hydrastis 5 CH* si l'écoulement est postérieur et jaunâtre, 5 granules 1 fois par jour pendant 1 ou 2 mois.

Dans les infections virales ou surinfections à répétition :

– *Silicea 15 CH*, 1 dose par mois si fatigue et infections fréquentes ;
– *Sulfur Iodatum 15 CH*, 1 dose par mois ;
– *Aviaire 15 CH*, 1 dose par mois.

Traitement à alterner toutes les semaines.

Cette prise en charge homéopathique peut être complétée par des Oligo-éléments :

– *Cuivre Or Argent* dans les cas d'infections à répétition ;
– *Manganèse Cuivre* si notion de muqueuse hyper réactive.

La pratique courante consiste à alterner 5 granules de l'un et de l'autre 1 fois par jour pendant la période hivernale.

Vous serez sans doute surpris que nous ayons passé sous silence, les antibiotiques. Ceux-ci n'ont aucune action sur la chronicité des rhinopharyngites.

Ils ne seront indiqués qu'en présence d'infection aiguë, pour éviter les complications, les otites et les bronchites en particulier.

Il convient toutefois d'éviter les gouttes nasales à base d'anti-biotiques, de corticoïdes, de vaso-constricteurs et d'huile ; seules sont indiquées des solutions à base de sérum physiologique ou d'eau de mer.

« *Bains de nez* : on baigne le nez quand on prend un bain de figure. Si on veut introduite l'eau plus profondément, on fait usage d'une irrigation ou d'une petite seringue à main.

Le rinçage tiède, irrite souvent ; il ne faut pas l'employer dans le cas de gonflement de la muqueuse. On agira plutôt par des bains chauds des jambes, des compresses sur le cou, des bains de siège. »

Dans les formes sévères, subintrantes, le retrait de la crèche ou de l'école maternelle, voire un changement de climat pendant plusieurs mois peuvent être nécessaires. Mais heureusement, une telle situation est rare.

Les sinusites

■ « Les sinus sont des cavités aériennes, creusées dans les os de la face. Leur muqueuse (leur revêtement) est identique à celle des fosses nasales et en continuité avec elle. Les sinusites sont l'infection des sinus. »

À notre avis, l'on parle à tort et à travers de sinusite chez l'enfant comme d'ailleurs chez l'adulte. En effet, toute céphalée (mal de tête) ne veut pas dire sinusite, toute opacité radiologique des sinus ne veut pas dire sinusite.

L'atteinte des sinus, chez l'enfant, ne peut intéresser que les cavités anatomiquement individualisables, c'est-à-dire l'ethmoïde et les sinus maxillaires.

Chez l'enfant, la sinusite maxillaire est extrêmement rare, le sinus maxillaire étant de petit volume et s'ouvrant largement dans les fosses nasales, il doit être considéré comme une évagination des fosses nasales et non comme une cavité close.

Les rhinopharyngites de l'enfant dont nous avons parlé précédemment, s'accompagnent quasi constamment d'une opacité radiologique des sinus, il ne s'agit pas d'une sinusite chronique, mais d'une atteinte de la muqueuse respiratoire dans son ensemble, et le traitement sera celui des rhinopharyngopathies. De ce fait, ponction de sinus, mise en place de drains dans le sinus, ne sont pas de mise, il faut éviter, à tout prix, d'agresser la muqueuse sinusienne de l'enfant qui est fragile.

Plus fréquente chez l'enfant, est l'ethmoïdite, qui peut se voir à la suite d'un simple coryza ou au cours d'une maladie infectieuse, telle la rougeole ou la scarlatine. Elle se caractérise par un gonflement au niveau de l'angle supéro-interne de l'orbite, avec œdème de la paupière, céphalée frontale ou orbitaire, une température aux environs de 38-39°. Cette ethmoïdite nécessite un traitement antibiotique voire corticoïde par voie générale. Non ou traitée insuffisamment, il y a risque de complications oculaires.

Obstruction des fosses nasales

■ « Respiration nasale : Elle préserve les organes de la gorge et les poumons, car l'air s'échauffe en traversant les voies nasales. Il dépose sur la muqueuse, ses impuretés qui sont ensuite expulsées par les cils vibratiles très fins servant de collecteurs pour la poussière. Dans les maladies du pharynx et des poumons, le patient pourra pratiquer la respiration buccale. »

« Il faut veiller à ce que les enfants se servent du nez et on les fera examiner par un médecin s'ils ont, pour cela, une difficulté. »

Chez le nouveau-né

Jusqu'à la troisième-quatrième semaine, la respiration buccale est impossible. De ce fait, une obstruction nasale entraîne une détresse respiratoire et gêne la tétée.

L'imperforation choanale est l'obstruction par une lamelle osseuse de l'orifice postérieur de la fosse nasale, faisant communiquer nez et pharynx. Bilatérale, il en résulte un syndrome dyspnéique parfois dramatique, avec cyanose survenant dans les premières heures, ou lors des tentatives d'alimentation. En présence de toute asphyxie, chez le nouveau-né, les fosses nasales devront être explorées par un spécialiste, à la recherche de cette imperforation. Unilatérale, l'imperforation choanale provoque une gêne modérée, rendant la tétée difficile, mais la gêne disparaît rapidement, elle peut être d'ailleurs absente ou passer inaperçue. L'imperforation unilatérale n'est souvent découverte que plus tardivement, parfois à l'âge adulte.

Une gêne respiratoire pourra être due à un écoulement purulent. Les fosses nasales ont été infectées au moment de l'accouchement par des bactéries situées dans le vagin maternel : staphylocoques, gonocoque, tréponème. Une telle rhinite devra être traitée correctement par antibiothérapie.

Enfin, chez le nouveau-né, comme le nourrisson, peut être observé une tumeur nasale nécessitant diagnostic et traitement par la spécialiste.

Chez le nourrisson et l'enfant

L'hypertrophie des végétations adénoïdes est la cause la plus fréquente d'obstruction nasale. Mais, l'hypertrophie de la muqueuse, lors des rhinopharyngopathies, pourra donner la même symptomatologie.

Il faut savoir, qu'à l'opposé de l'adulte et du nourrisson, l'enfant tolère relativement facilement l'obstruction nasale et s'accommode assez bien de la respiration buccale. De ce fait, une obstruction nasale prolongée et non corrigée entraîne, outre des complications régionales (auriculaires ou descendantes), des troubles du développement.

Chez le grand enfant

Les causes d'obstruction nasale sont diverses : l'hypertrophie des végétations et les rhinopharyngopathies cèdent la place aux déformations, le plus souvent post-traumatiques du squelette nasal par déviation de la pyramide nasale ou de la cloison.

On veillera à éliminer une tumeur des fosses nasales.

Corps étranger du nez

∎ Info 2 ▶ Une obstruction nasale unilatérale, un écoulement purulent fétide, unilatéral, imposent la recherche d'un corps étranger du nez. La seule thérapeutique sera l'extraction de ce corps étranger par un spécialiste.

Le corps étranger enlevé, l'obstruction nasale et surtout, l'écoulement purulent, disparaîtront sans qu'il y ait besoin d'avoir recours à une autre thérapeutique.

Penser au corps étranger évitera de prescrire inutilement des antibiotiques.

Épistaxis (saignement du nez)

« Chez les personnes sujettes aux hémorragies, l'épistaxis peut devenir très dangereuse. Il en est de même après de graves maladies chez les chlorotiques et au début de la puberté. Dans les gênes circulatoires, dans les bouffées de chaleur, le saignement du nez peut être considéré comme une défense de la nature, car après la perte d'une petite quantité de sang, on ressent un soulagement.

Dans l'anémie, les vaisseaux de la muqueuse nasale se rompent facilement et causent des hémorragies.

Le traitement consiste à l'application de compresses froides sur la poitrine, de bains de pieds chauds, d'injections chaudes dans le nez, respiration profonde, élever les bras et dans les cas graves, tamponner le nez avec de l'ouate. Dans la chlorose, il faut traiter cette maladie même. Celui qui est sujet à l'épistaxis, ne doit prendre ni bière, ni vin, ni café, ni bouillon et ne doit pas faire de gymnastique, ni jouer à la balle, ni aller à bicyclette, ni courir. La guérison sera obtenue par des bains d'air, des ascensions et des exercices respiratoires très prudents. »

Les épistaxis sont une urgence fréquente chez l'enfant, le plus souvent, bénignes et facilement arrêtées, elles peuvent être révélatrices d'une maladie grave.

Leur fréquence relève de l'importante vascularisation de la muqueuse des fosses nasales. Une région particulière est la tache vasculaire de la partie antérieure de la cloison, formée par la rencontre de plusieurs vaisseaux sanguins.

Dans la majorité des cas, le saignement est de faible ou de moyenne abondance, c'est-à-dire bénin. L'épistaxis est due, soit à une congestion de la muqueuse nasale lors des rhinites, des maladies infectieuses, soit à une simple hyperthermie, soit la plupart du temps, à un traumatisme local tel que des lésions de grattage, soit à une simple exposition au soleil. Le saignement provient de la tache vasculaire.

Le pincement des narines, pendant 5 minutes, l'application locale d'un coton imprégné d'eau oxygénée, suffisent à arrêter l'hémorragie. Peuvent être utilisés des produits tels que le Coalgan®, mais leur ablation pose souvent des difficultés.

Il ne faut jamais allonger un sujet qui saigne du nez, mais le mettre en position demi-assise et avant tout le rassurer.

Les épistaxis à répétition sont un fait fréquent chez l'enfant et accompagnent souvent un état de fatigue, l'homéopathie peut être indiquée. Le traitement habituel consiste à prendre :

- *China Rubra 9 CH*, 5 granules le matin
- *Ferrum Phosphoricum 9 CH*, 5 granules le soir
- *Phosphorus 15 CH*, 1 ou 2 doses par mois.

En cas de répétition des saignements, le spécialiste pratiquera une cautérisation de la tache vasculaire, le plus souvent à l'acide chromique, cette petite intervention est bénigne et peu douloureuse et ne nécessite pas d'anesthésie.

Le tableau est plus inquiétant lors d'hémorragies abondantes ou répétées ; une hospitalisation sera nécessaire. Ces épistaxis graves sont le fait, soit de tumeurs des fosses nasales ou du rhinopharynx tel l'angiofibrome du garçon pubertaire, soit d'une maladie hémorragique.

Les traumatismes du nez

Chez l'enfant, les fractures du nez sont fréquentes mais trop fréquemment négligées, entraînant des désordres esthétiques ou fonctionnels. Tout traumatisme de la face d'un enfant, impose un examen attentif du nez.

L'hématome de la cloison nasale provient d'une fracture du cartilage ; son évacuation sous anesthésie générale évite l'évolution vers la surinfection et la destruction du cartilage, entraînant un effondrement de la pointe du nez. C'est le nez de boxeur !

∎ Info 3 ▸ Les fractures du nez sont visibles et palpables, soit immédiatement, soit après régression de l'œdème. Elles ne seront réduites qu'en cas de déplacement.

Les traumatismes négligés donneront lieu à des déviations de la cloison et de la pyramide nasale. Leur correction relèvent de la chirurgie effectuée une fois terminée la croissance de la face, c'est-à-dire vers 16 ans.

chapitre 2

Pharynx et cavité buccale

Les angines

■ « On appelle angine toute affection inflammatoire plus ou moins intense de l'arrière de la bouche, du pharynx, du larynx, des amygdales. Elle débute par un malaise général et, chez les enfants, par une forte fièvre, des maux de tête, la perte complète de l'appétit et la gêne de la déglutition. »

« Dans un mal de gorge, il faut soigneusement examiner la gorge en abaissant la langue au moyen d'un manche de cuiller et en s'éclairant d'une bougie. Si l'on constate une simple rubéfaction, c'est une légère inflammation qui peut dépendre d'un fort rhume. S'il y a gêne de la déglutition d'un côté avec vive douleur, il faut penser à un abcès de l'amygdale avec formation de pus. Si les tonsilles sont très gonflés et rouges, c'est une angine. Celle-ci est ordinairement causée par un refroidissement, mais ce n'est pas toujours le cas. Le mal dure de 4 à 8 jours, et il peut survenir des complications. »

Traitement

« Aussitôt que la déglutition devient difficile, prendre, afin de transpirer, un bain d'air chaud, suivi d'un demi-bain ou un bain complet de dix minutes, à 37°, en l'élevant progressivement jusqu'à 42°, puis s'envelopper dans des draps secs, bien se couvrir et provoquer la sudation, les cardiaques ne doivent pas suivre ce traitement. Après avoir transpiré pendant deux heures, faire une ablution tiède ou prendre un demi-bain. On applique au cou, des compresses froides changées toutes les deux heures. On doit laver l'intestin avec de l'eau à 36° et, pendant la nuit appliquer des compresses froides aux mollets. Le matin, administrer une affusion dorsale à 40° puis à 25°, se bien frictionner et se remettre au lit. Comme alimentation, absorber des compotes de pommes, des jus de fraises, des soupes maigres mais rien de gras ou d'excitant. Veiller à ce que la température soit égale dans l'appartement, sans nuire à l'aération. »

L'angine est l'affection des amygdales. Les angines aiguës banales sont, d'une part, les angines rouges d'origine virale et les angines blanches, d'origine bactérienne. L'angine rouge virale est caractérisée par une rougeur des amygdales, accompagnée d'une hyperthermie et d'une gêne à la déglutition. Souvent, une rhinite s'y associe. L'évolution en est simple, les antibiotiques sont inutiles, l'Aspirine sera seule, prescrite.

Dans l'angine bactérienne (Streptocoque β Hémolytique A), angine « blanche », les amygdales sont rouges, hypertrophiées, recouvertes d'un enduit blanchâtre. La température est élevée, la gêne à la déglutition importante ; des ganglions apparaissent au niveau du cou. Cette angine peut survenir spontanément ou succéder à une angine rouge. Elle peut se compliquer localement d'abcès ou, à distance, d'atteinte rénale, rhumatismale, cardiaque. Cela explique la nécessité d'un traitement antibiotique correct pendant, au moins, sept jours.

Le rhumatisme articulaire aigu et ses complications cardiaque, les glomérulonéphrites sont devenus beaucoup plus rares, du fait d'un traitement antibiotique adéquat.

« **Asthaca (Guimauve)** : Avec la racine de cette plante, on prépare des infusions qui calment la toux et les inflammations de la gorge, mais prise en trop grande quantité, cette tisane nuit à l'appétit qui est déjà assez mauvais dans les catarrhes du pharynx. »

« *Gargarisme* : Liquide que l'on met en contact avec toute la membrane muqueuse gutturale, en le promenant dans l'arrière bouche et en l'agitant en tous sens par la contraction des muscles des joues et par l'action de l'air que l'on fait sortir du larynx. On la rejette ensuite, sans rien avaler. Chez les enfants, on le remplace par des lavages à la seringue ou encore, en leur faisant avaler un jus de citron. Les gargarismes minéraux doivent être déconseillés, ils peuvent donner lieu à des empoisonnements.

De nos jours, les gargarismes à base de Glycerine, sont aussi efficaces et certainement moins nocifs que les pulvérisations de produit associant antibiotiques et corticoïdes. »

Phlegmon péri-amygdalien

▮ Info 4 ▶ L'abcès de l'amygdale, qui est anatomiquement, une infection de la région péri-amygdalienne (phlegmon amygdalien) peut compliquer une angine bactérienne banale. Il affecte surtout l'enfant à partir de 8 ans. Il engendre une dysphagie intense, une otalgie, une haleine fétide, un trismus (difficulté, voire impossibilité d'ouvrir la bouche), une fièvre intense, une altération de l'état général. L'examen de la gorge montre une tuméfaction au niveau de la région amygdalienne, accompagnée d'un gros ganglion cervical douloureux. Ce phlegmon nécessite une incision de drainage associée à une antibiothérapie. Une amygdalectomie doit être envisagée à court terme. Qui a fait un phlegmon en refera !

Le jeune enfant pourra présenter un phlegmon rétropharyngé entraînant dysphagie et dyspnée. L'examen montrera une voussure de la paroi postérieure du pharynx. Un drainage suivi d'un traitement antibiotique en assurera la guérison.

Quant à l'ablation des amygdales

Que de bêtises n'a-t-on pas dites à ce sujet : « on enlève moins les amygdales qu'autrefois ; les amygdales sont une barrière, il ne faut jamais les enlever, un enfant opéré des amygdales fera plus facilement des bronchites, il ne faut pas opérer les enfants en été ni en hiver… ». Il est certain qu'il y a eu et qu'il y a des amygdalectomie abusives. Ce qui n'empêche que l'amygdalectomie est un traitement efficace et adapté, si on en délimite, de façon correcte, les indications :

– angines répétées chez l'enfant avec persistance d'adénopathie entre les angines. Il apparaît logique de ne pas laisser en place un tissu lymphoïde infecté et nécrosé, malgré son potentiel immunologique. L'âge minimum de l'amygdalectomie se situe autour de 4 ans ; en effet, passé cet âge, la production d'anticorps se raréfie ;
– la seconde indication, est l'hypertrophie amygdalienne, entraînant une gêne respiratoire nocturne, voire diurne, et une gêne à la déglutition permanente ; il n'y pas d'âge minimum.

Si la prudence s'impose chez l'enfant allergique, une indication indiscutable ne doit pas être récusée pour ce motif, l'intervention n'aura pas de conséquence en instituant un traitement anti-allergique avant et après l'intervention.

▌ Info 5 ▶ Il n'y a pas de saison plus favorable qu'une autre à l'amygdalectomie. Une contre-indication absolue est l'angine en évolution. Des indications relatives sont : des maladies infectieuses récentes, des troubles hémorragiques, des vaccinations.

Les stomatites

Ce sont les affections de la cavité buccale.

Muguet

■ « Inflammation avec production pseudo-membraneuse, assez fréquente chez les nouveau-nés, et ordinairement contagieuse. Le muguet attaque particulièrement les enfants faibles, ceux dont la peau et la muqueuse de la bouche sont très rouges, et, le plus souvent, cette coloration accompagnée avec chaleur et sécheresse, caractérise le début de la maladie. La seconde période s'annonce avec l'apparition de points blancs, surtout derrière les lèvres et la pointe de la langue. Le muguet peut gêner la déglutition et la succion ; il se développe sous des influences différentes : mauvaise nourriture, cachexie, insuffisance de salive, etc. »

Traitement

« Rincer, tous les jours, la bouche avec de l'eau de citron tiédie, tenir les nourrissons dans une propreté rigoureuse, ceux qui sont alimentés artificiellement, doivent avoir de bons laits, un biberon absolument propre ; le grand air et le soleil fortifient les enfants cachectiques. »

Le muguet est une stomatite mycosique. On le rencontre plus fréquemment sous sa forme aiguë chez le jeune enfant. Après un stade érythémateux (congestion), apparaissent des points blancs crémeux, confluant en plage et adhérant à la muqueuse. Les zones de prédilection sont les joues et la langue.

Un traitement local s'impose et les bonnes thérapeutiques sont toujours de mise : eau bicarbonatée, eau de Vichy, et les colorants antiseptiques comme le bleu de Méthylène. Un traitement par voie générale, est parfois nécessaire.

Aphtes

- « Petites ulcérations blanchâtres qui se développent sur la membrane muqueuse de la bouche et du tube digestif. Elles sont très fréquentes chez l'enfant et occasionnent de vives douleurs. »

Traitement

« On rince fréquemment la bouche avec de l'eau à 37°, surtout après chaque repas. Il faut s'alimenter de lait, de soupes épaisses, de jus de fruits, car la mastication est très douloureuse, faire un enveloppement total tous les jours d'une durée de deux heures, puis prendre un demi-bain de 36° et une affusion de dos à 26°. Toutes les deux heures, maillots du ventre et au besoin prendre un lavement. N'employez jamais le chlorate de potasse qui a été la cause de tant d'empoisonnements. Si on est constipé, ou s'il y a manque d'appétit dès le début, on ordonne une infusion de bourdaine, ou de pensée sauvage, matin et soir. »

L'aphtose reste d'étiologie mystérieuse. Elle débute en un point quelconque de la muqueuse buccale. La sensation de cuisson inaugurale aboutit rapidement à une ulcération caractéristique à bords nets, très douloureuse, dont la guérison survient en une semaine.

Son étiologie indéterminée entraîne un traitement symptomatique. Des aphtes peuvent être provoquées parfois par le contact d'aliments, tels gruyère, noix… qu'il sera bon de supprimer.

Hygiène bucco-dentaire

« *Abcès dentaire* : Il est très fréquent, chez les femmes et les enfants. Il reconnaît, pour causes, les irritations de toutes sortes, des caries. Dans des cas inexplicables, la racine dentaire s'enflamme et il se forme du pus. Si celui-ci s'écoule par la cavité buccale, on ressent un soulagement immédiat ; dans le cas contraire, il y a douleur, frisson, fièvre et courbature générale. »

« On peut soigner l'abcès dentaire en conservant la dent mais si on n'a pas de patience, le plus simple, est de l'arracher. On peut également, essayer les compresses froides sur la joue, les bains de pieds chauds, les lavements. Pour prévenir les récidives, il faut prendre souvent des bains d'air chaud, séjourner au grand air et suivre un régime rafraîchissant. »

Chez le nourrisson

L'hygiène bucco-dentaire n'est pas superflue, il est conseillé de nettoyer, chaque jour, la bouche avec une solution de *bicarbonate de soude*, en particulier au moment des éruptions dentaires. Dès que les dents sont en place, il convient de les brosser avec de l'eau, et de l'eau uniquement.

Chez l'enfant

Le brossage des dents est indispensable, il sera réalisé par l'enfant lui-même dès qu'il en sera capable. Seul le brossage mécanique, avec une brosse en bon état, est capable d'éliminer les débris organiques qui contribuent à la formation de la plaque dentaire, cause des caries et sur laquelle se précipitent les sels calcaires en dissolution dans la salive pour former le tartre. Ce brossage aura lieu trois fois par jour, après chaque repas, pendant deux à trois minutes. Quant aux dentifrices, il n'ont qu'une action adjuvante, il faut utiliser des dentifrices légèrement acides ou alcalins.

En dehors de ces soins d'hygiène proprement dits, il importe :
- de dépister les troubles de la musculature orofaciale qui nécessiteront une rééducation ;
- de combattre les habitudes vicieuses à l'origine de malpositions dentaires, en particulier la succion du pouce ;
- de rétablir la respiration nasale par la gymnastique respiratoire, s'il n'y a pas d'obstacle nasopharyngé ;

– de surveiller la mastication ;
– d'interdire l'abus de chewing-gum, des pastilles ou autres
  sucreries surtout le soir avant le coucher, après le brossage
  des dents.

Dès l'âge de 4 ans, il convient de faire examiner l'enfant par un
spécialiste pour dépister les caries ou les anomalies dentaires et
maxillaires, dont la correction est à visée esthétique et
fonctionnelle.

Le caractère temporaire de la première dentition légitimise trop
souvent l'absence de soins dentaires chez les enfants.

L'importance du traitement de ces dents temporaires est
double : les dents de lait doivent rester en place jusqu'au moment
où la dent permanente sera en état de la remplacer ; en l'absence
de soins, les caries se développent et évoluent plus rapidement,
entraînant des complications locales et générales.

Les complications locales sont d'ordre dentaire et gingival,
toute carie, même superficielle, entretient un foyer d'infection et
menace la dent voisine.

Lorsqu'il y a mortification pulpaire, la résorption des racines
(processus normal aboutissant à la chute de la dent) ne se fait pas
ou s'arrête, ce qui amène un retard d'apparition des dents de
remplacement et leur malposition.

Lorsque l'infection dépasse la pulpe dentaire, on aboutit à un
abcès apical (abcès au niveau de la racine) pouvant déterminer des
lésions du germe de la dent permanente.

Enfin, la présence de caries entrave la mastication du côté où
elles siègent. Elle entraîne rapidement une gingivite tartrique.

Les dents de lait sont plus nécessaires à l'enfant que ne le sont
les dents définitives à l'adulte. L'existence de caries ou la perte de
ces dents, entraîne une insuffisance masticatrice, une assimilation
défectueuse des aliments, entraînant une perte de poids de l'enfant.

L'insuffisance masticatrice et l'infection buccale, liées aux
caries, peuvent causer des troubles gastro-intestinaux.

Des complications infectieuses à distance, pourront être notées.

Les fentes labio-palatines

■ « **Bec-de-lièvre :** Difformité résultant de la division de l'une des lèvres et particulièrement de la supérieure. Cette séparation se produit chez le fœtus, au second mois de la gestation. C'est le bec-de-lièvre congénital que l'on est obligé d'opérer vers la fin de la première année. »

Les fentes labio-palatines sont un ensemble de malformations congénitales pouvant affecter la lèvre supérieure, le nez, le maxillaire supérieur, l'os alvéolaire, le palais et son voile.

Il s'agit d'une embryopathie (défaut de développement de l'embryon) liée à un trouble survenu au cours du premier trimestre de la grossesse.

Les parents d'enfants atteints de ces malformations devront être rassurés sur l'avenir et mis en rapport avec une équipe médicale spécialisée dans le traitement de ces lésions.

L'atteinte de la lèvre et de l'os alvéolaire ne pose qu'un problème morphologique. La tétée est peu perturbée. La correction chirurgicale en de bonnes mains, rendra à l'enfant une esthétique satisfaisante. Elle aura lieu vers le sixième mois.

En cas de division palatine, la symptomatologie et le pronostic sont essentiellement fonctionnels, alimentaires dans l'immédiat, phonétiques dans l'avenir. Pour l'alimentation, devront être utilisées des tétines spéciales, à partir du moment où le nourrisson s'alimente à la cuillère, les problèmes seront moindres.

L'âge idéal pour l'intervention réparatrice, se situe entre 18 mois et 2 ans.

On pratiquera régulièrement un bilan de l'action de la croissance sur les résultats de la reconstruction chirurgicale, susceptible d'entraîner des modifications au cours des années, en bien ou en mal.

L'enfant sera suivi, conjointement, par un orthodontiste sur le plan maxillo-dentaire, et par une orthophoniste pour la correction des troubles du langage.

À la puberté, sous l'action conjointe de la croissance et des caractéristiques de la malformation, les lésions persistantes revêtent un caractère définitif. Le traitement de ces séquelles vise à corriger définitivement et aussi radicalement que possible, les lésions qui ont échappé au contrôle des actions thérapeutiques précédentes.

Traumatismes dentaires

Avec ou sans fracture des maxillaires, on observe, du fait d'un traumatisme, des lésions dentaires chez l'enfant : contusions, luxations et fractures.

Les fractures et luxations des dents temporaires, principalement les incisives supérieures, risquent d'être négligées chez l'enfant. Elles sont susceptibles de se compliquer d'hypoplasie des dents permanentes, ou de déformation des maxillaires. Tout traumatisme des dents temporaires devra être traité.

La contusion simple, due à un petit traumatisme, se traduit par une légère mobilité de la dent, accompagnée de douleurs spontanées accrues par le contact des dents. Tout rentrera dans l'ordre en quelques jours.

La luxation incomplète, après un traumatisme plus violent, entraîne une dent déplacée, mobile, douloureuse, gênant la mastication et la parole, obligeant l'enfant à rester bouche entrouverte. On immobilisera la dent au moyen d'une ligature sur les dents voisines, pendant une ou deux semaines. On surveillera la vitalité de la dent.

La luxation complète se caractérise par l'expulsion de la dent hors de son alvéole et de la bouche. En l'absence de fracture importante du rebord alvéolo-dentaire, la réimplantation doit être tentée dans les heures qui suivent l'accident. La dent peut demeurer sur l'arcade pendant plusieurs années.

Les fractures des dents de lait sont très rares, celles des dents permanentes plus fréquentes, après un traumatisme unique et direct : coup de poing ou pied, chute sur la région incisive.

La fracture de l'émail se révèle par une petite irrégularité du bord libre. Le type de fracture de l'émail et de l'ivoire, sans atteinte de la pulpe, est celui de l'angle incisif. Cette fracture entraîne une sensibilité au froid et au sucre, gênant l'alimentation et la parole. Tout rentrera dans l'ordre après meulage des aspérités. La vitalité de la dent devra être surveillée. En revanche, la pulpe peut être mise à nu. La douleur est extrêmement vive, exacerbée par le moindre contact froid ou chaud ; il faut procéder à une dépulpation et à une obturation de la couronne.

Orthopédie dento-faciale

Les malpositions et malocclusions dentaires d'un enfant amènent les parents à consulter. Ce ne sont que des signes d'anomalie portant sur les maxillaires ou les dents. L'orthodontie (orthopédie dento-faciale) a pour but la prévention et la correction de ces anomalies donto-maxillaires. Elle est en plein développement.

En cas d'échec, il faudra avoir recours à la chirurgie après l'âge de 16 ans, cette chirurgie sera toujours suivie d'un traitement orthodontique d'harmonisation.

Larynx et œsophage

Les dyspnées laryngées

Toute affection diminuant la lumière normale de la filière laryngée entraîne une dyspnée, c'est-à-dire une gêne respiratoire. La relative fréquence de la dyspnée laryngée chez l'enfant s'explique par l'étroitesse de ce passage de l'air.

Chez le nourrisson

■ *Le stridor congénital* : bruit de cornage lors de l'inspiration. Il est dû à une flaccidité (mollesse) des cartilages du larynx. Il s'agit d'une sorte de gloussement ou de croassement respiratoire, comparable à celui du « coq en colère », il survient dès la naissance. Il est exacerbé lors de la tétée, ou dès que l'enfant s'agite. Il n'y a pas de trouble vocal, mais des accès de suffocation.

Après les quatre ou six premiers mois, les symptômes diminuent. Ils deviennent intermittents et finissent par disparaître au bout de 18 mois.

Un examen de spécialiste confirmera le diagnostic et éliminera une malformation plus sérieuse.

■ *« Spasme de la glotte »* : Les enfants en sont atteints. Il consiste en des contractions convulsives du diaphragme caractérisées par des courts accès de suffocation. La cyanose survient tout à coup sans prodrome. À la suite de ces phénomènes apparaissent la fatigue, quelques mouvements convulsifs. Ce spasme peut effrayer mais il est sans aucun danger et cesse en un peu d'instant par les mouvements de la déglutition, surtout en buvant. Le rachitisme, une mauvaise alimentation, les virus intestinaux en sont souvent la cause. »

Traitement

« Dégrafer les vêtements, asperger la poitrine avec de l'eau froide, plonger les jambes dans l'eau chaude et presser avec l'index la base de langue pour faciliter l'accès de l'air dans le pharynx. Il faut traiter la cause du mal ; avec l'âge les crises diminuent. »

■ *Le spasme laryngé du nourrisson* : manifestation relativement fréquente, entre 4 et 12 mois, qui disparaît au cours de la deuxième année. Ce spasme survient chez les enfants obèses, lymphatiques, hypocalcémiques (manque de calcium). Il apparaît brutalement ou est précédé de colère, troubles de la déglutition, effort de toux. Typiquement dramatique, il ne dure pas. Il se manifeste de façon itérative l'hiver pour disparaître définitivement au cours de l'évolution.

■ *L'angiome sous-glottique* : sa sémiologie est celle d'une laryngite sous-glottique mais survenant avant 6 mois sans contexte infectieux. Le geste d'urgence est, après confirmation endoscopique, la cortico-thérapie. Il évolue par poussées jusqu'à son involution spontanée vers l'âge de 2 à 4 ans.

Chez l'enfant

■ « *Croup (diphtérie)*. On appelle « Croup » une exsudation et une collection liquide qui se forment dans le larynx, l'obstruant et le para-lysant. Après une petite indisposition à laquelle on n'attache pas d'importance, il arrive que les enfants entre l'âge de 2 et 10 ans sont pris subitement d'une quinte de toux, avec un bruit d'aboiement et creux. Leur voix devient atone, leurs traits sont angoissés et ils luttent de plus en plus pour respirer. Si les exsudations augmentent rapide-ment, le malade étouffe au bout de plusieurs jours. Souvent, il s'endort fatigué à la suite d'une lente surcharge d'acide carbonique. Le plus souvent, ce sont des enfants d'une constitution plutôt robuste qui sont atteints. Beaucoup de médecins rapportent le croup à la diphtérie. »

Traitement

« Si l'on réussit à entraver le mal immédiatement par des procédés énergiques, on peut sauver le patient. Mais comment cela serait-il possible chez des parents qui ne sont pas préparés et qui sont surpris au milieu de la nuit par une crise ? Si les symptômes mentionnés plus haut se présentent, on donnera un grand bain chaud de 35 à 40° en mettant une compresse froide sur la tête. On enveloppera ensuite l'enfant dans une couverture sèche et on tachera d'obtenir par des bouillottes d'eau chaude, une bonne transpiration. Puis, on fera prendre un demi-bain de 28° en le refroidissant lentement jusqu'à 24° et en faisant de fortes frictions sur le tronc à peu près pendant 3 minutes. On mettra des compresses froides, même glacées sur le larynx en les renouvelant souvent, puis on fera des maillots chauds des pieds. Si la suffocation augmente, on tachera de provoquer le vomissement en faisant avaler une cuillère d'huile de ricin, ou de l'eau chaude avec de l'huile ou du sel. Cela amène le détachement de lambeaux de fausses membranes et procure un grand soulagement. Les soins sont très difficiles à donner s'il existe une affection cardiaque et on doit consulter le médecin sur le moyen à employer. On ne doit jamais agir d'après son propre avis. Lorsque la fièvre a diminué et qu'on remarque un soulagement, on applique des compresses chaudes sur le larynx afin de provoquer le détachement des fausses membranes. Les affusions à 14° aident à cet effet. On tapote le dos et la poitrine dans les suffocations. Enfin la trachéotomie est la ressource suprême. »

Heureusement de nos jours grâce à la vaccination antidiphtérique, le Croup est de plus en plus rare. Cependant, les laryngites sont toujours la cause de gêne respiratoire d'origine laryngée chez l'enfant.

■ *La laryngite sous-glottique* est la cause la plus fréquente de dyspnée laryngée chez l'enfant. Son étiologie la plus fréquente est virale. Elle provoque un œdème sous-glottique qui sera traité par corticothérapie, voire intubation naso-trachéale en cas d'échec du traitement médical.

■ Par contre, *la laryngite sus-glottique* (épiglottite) est d'étiologie bactérienne (Haemophilus), elle nécessite un traitement antibiotique et corticoïde et le plus souvent une intubation naso-trachéale, l'hospitalisation est une urgence. Un caractère particulier est que la dyspnée s'aggrave en décubitus dorsal, il ne faut donc pas forcer l'enfant à s'allonger.

■ Une forme particulière est *la laryngite striduleuse*, accès paroxystique de dyspnée laryngée, survenant chez un enfant atteint d'une rhinopharyngite. Le spasme semble jouer un rôle fondamental. La crise dure quelques minutes ; elle rétrocède spontanément, parfois avant même que le médecin appelé n'ait eu le temps d'arriver.

Le corps étranger laryngo-trachéo-bronchique

C'est un accident fréquent chez l'enfant de 6 mois à 6-7 ans. Il est plus fréquent au cours de la deuxième année.

Le diagnostic de corps étranger ne pose pas de problème, lorsqu'il existe la notion d'accident initial, encore faut-il que cet accident soit suffisamment dramatique pour alerter l'entourage. C'est le classique syndrome de pénétration survenant chez l'enfant en pleine santé, ayant quelque chose dans la bouche (cacahuète, noisette, objet plastique ou métallique). Il présente une suffocation intense avec quinte de toux, devient « bleu ».

En général, tout rentre dans l'ordre. Cette accalmie trompeuse ne doit pas faire espérer l'expulsion spontanée du corps étranger.

■ Info 6 ▶ Tout syndrome de pénétration nécessite une endoscopie.

Toutefois, le syndrome de pénétration peut survenir sans témoin, ou être suffisamment discret pour ne pas inquiéter l'entourage. Le diagnostic devient alors difficile. La symptomatologie sera dominée par une toux tenace, rebelle, une gêne respiratoire, des signes infectieux. De nombreux diagnostiques seront évoqués, avant de découvrir à la bronchoscopie, un corps étranger méconnu.

En urgence, face à une dyspnée obstructive menaçante par inhalation d'un corps étranger, il faut se méfier des gestes de sauvetage aveugles :
- doigt dans la bouche qui risque d'enfoncer le corps étranger, et le rendre ainsi plus obstructif ;
- suspendre l'enfant par les pieds, ce qui peut être efficace, en cas de corps étranger laryngé, mais peut, en cas de corps étranger libre de la trachée, provoquer son enclavement dans le larynx et précipiter l'asphyxie.

En revanche, on peut effectuer la **manœuvre d'Heimlich** :
- *victime debout ou assise* : Le sauveteur se place derrière la victime et lui entoure la taille. Il met un de ses poings au-dessus de l'ombilic, nettement au-dessous du thorax, de l'autre main il appuie sur son poing pour presser l'abdomen d'un coup sec dirigé vers le haut. On peut répéter, au besoin, cette manœuvre plusieurs fois ;
- *victime couchée* : se mettre à califourchon au-dessus de la victime étendue sur le dos, placer les mains l'une au-dessus de l'autre, au-dessus de l'ombilic et presser l'abdomen comme indiqué ci-dessus.

Corps étranger de l'œsophage

La provenance des objets solides arrêtés au niveau de l'œsophage, est très diverse et leur variété infinie. Le grand enfant (8-10 ans) avale volontiers des débris de jouets métalliques ou, au cours d'un repas, une esquille osseuse, une grosse arête. L'enfant plus jeune (2-5 ans) préfère les pièces de monnaie, les boutons et les médailles. Le nourrisson se contente des épingles doubles ou des broches à bavoir (heureusement, il n'y en a plus).

Les corps étrangers acérés qui s'accrochent à la muqueuse œsophagienne sont évidemment plus dangereux.

Un corps étranger volumineux qui s'arrête à l'entrée de l'œsophage, comprime la trachée et entraîne des troubles digestifs et respiratoires. La plupart du temps, l'objet avalé n'entraînera qu'un minimum de troubles : hypersalivation, régurgitation, légère gêne à la déglutition. La mère accusera le corps étranger si elle est témoin de l'incident. Elle le soupçonne en découvrant la disparition d'un objet à portée de l'enfant. Trop jeune, ce dernier ne s'en rendra pas compte. Plus âgé, il pourrait bien mentir par crainte de se faire réprimander.

▮ Info 7 ▶ L'endoscopie, pratiquée au moindre doute, permet d'emblée, le diagnostic et le traitement, on évite ainsi bien des complications (perforation de l'œsophage, infection cervicale et du médiastin).

Œsophagite corrosive

Elle est provoquée par l'ingestion d'un liquide caustique. Si chez l'adulte, l'ingestion peut être délibérée dans un but de suicide, chez l'enfant, il s'agit en général de l'ingestion accidentelle de produits caustiques utilisés pour le ménage.

La quantité avalée est le plus souvent minime, le produit étant toujours ou presque recraché.

Toute la gravité tient à la possibilité de survenue d'un rétrécissement cicatriciel de l'œsophage.

La gravité de cette ingestion accidentelle est essentiellement fonction de la nature et de la concentration du produit et aussi, de la quantité de produit ingérée, difficile à déterminer. Les bases fortes (soude, potasse) représentent 70 % des cas ; les acides forts (sulfuriques, chlorhydriques, nitriques, acétiques) entraînent des brûlures chimique de l'œsophage. Un grand nombre de produits détersifs ménagers renferment des substances toxiques, souvent mal signalées sur l'emballage au conditionnement attrayant pour l'enfant. En cas de doute, il faudra s'adresser à un centre anti-poison. L'eau de Javel, même concentrée, n'entraîne jamais de rétrécissement. Le permanganate de potassium en paillettes, ou en comprimés, est redoutable, car il peut provoquer un état de choc et une perforation de l'œsophage « à l'emporte pièce ».

Dans le cas habituel, l'ingestion de caustique, entraîne immé-diatement des cris, un refus alimentaire avec hypersalivation. Le diagnostic ne fait guère de doute : le produit est retrouvé. Il est indispensable de préciser sa nature, sa concentration et, si possible, la quantité ingérée. L'existence de brûlures au niveau des lèvres, de la bouche, n'est pas négligeable, notons cependant que l'absence de brûlure évidente, n'élimine pas une brûlure de l'œsophage et inversement.

L'enfant doit être immédiatement hospitalisé dans un service spécialisé.

Sont à prescrire :
– le lavage d'estomac ;
– les émétisants (produits pour faire vomir) ;
– l'administration de produits neutralisants qui est illusoire.

Reflux gastro-œsophagien

■ « **Rot** : Gaz qui s'échappent avec bruit par la bouche. Ils se développent dans l'estomac par la transformation des aliments lorsque la digestion est incomplète, que l'organe est malade ou que la nourriture est mal supportée. Les éructations se produisent également dans les maladies nerveuses. Elles sont alors inodores et insipides. Elles provoquent de vraies douleurs et épuisent le malade. »

Traitement

« Changer le régime et faciliter la digestion, éviter les aliments fermentés, acides, sucrés et gras.

D'après l'état général, employer des compresses chaudes sur l'estomac, ou la nuit des petites compresses froides, des bains alcalins complets ou des demis bains avec arrosage dorsal ; faire des massages quotidien du ventre et du dos. Les moyens sont très actuels. Il n'est pas possible d'indiquer un traitement unique pour tous ces malades, car les causes sont très différentes. Chez les nerveux, l'eau froide prise par petites gorgées, de petits morceaux de glace, des bonbons aromatisés peuvent arrêter un certain temps le formation de ces gaz. »

Le reflux gastro-œsophagien provient d'une diminution du tonus du sphincter du bas œsophage par hernie hiatale ou malposition cardio-tubérositaire, la muqueuse œsophagienne rentre en contact avec le liquide gastrique acide.

Même en l'absence de lésions de la muqueuse œsophagienne, ce reflux peut entraîner une symptomatologie à distance, oropharyngée, laryngée ou trachéo-bronchique qui peut être trompeuse.

Chez le nourrisson on doit y penser devant des vomissements abondants après et à distance des repas ; peuvent s'associer pleurs, refus de boire, mauvaise courbe de poids...

Chez le nouveau-né et le nourrisson on doit l'évoquer devant des accidents paroxystiques : accès de cyanose, des apnées (arrêt respiratoire), des accès de bradycardie (ralentissement du pouls).

Le diagnostic repose sur la pH métrie des 24 heures, la radiographie et l'endoscopie permettant d'apprécier l'état de la muqueuse œsophagienne. Chez l'enfant et le nourrisson, le reflux peut être la cause de broncho-pneumopathies récidivantes, de dyspnées laryngées aiguës récidivantes.

Le traitement est avant tout médical : anti-acides, pansements œsophagiens, régime, mettre le nourrisson en position orthostatique en permanence, surtout la nuit.

Ce n'est qu'en cas de l'échec du traitement médical que se posera l'indication d'une intervention chirurgicale anti-reflux.

Face et cou

Les plaies de la face

Elles sont dues à des traumatismes survenant sur la voie publiques (accidents du trafic) et à des morsures canines et humaines.

Les plaies doivent être explorées et suturées le plutôt possible. On a recours très souvent à l'anesthésie générale, surtout chez le jeune enfant, elle permet une exploration, un nettoyage et une suture soigneuse.

Les ganglions

Glandes du cou : « Chez les enfants lymphatiques, elles enflent et grossissent beaucoup en formant de petits corps mobiles et durs variant de la grosseur d'un pois à celle d'un haricot.

Quand elles s'enflamment, elles deviennent très douloureuses. Ces enfants doivent être fortifiés par la vie au grand air, la gymnastique, les bains et une alimentation riche en sel. »

Les ganglions sont très facilement palpables chez l'enfant car au niveau du cou ils sont souvent très superficiels.

Tout ganglion palpé n'est pas obligatoirement signe de maladie, les ganglions de petite taille inférieur à 1 cm mobiles, indolores, isolés sont banales chez l'enfant.

■ Info 8 ▶ En cas de ganglion plus gros et persistant il faudra rechercher une cause locale, une cause générale (examens de sang) ; si les examens sont négatifs, seule l'exérèse biopsie ganglionnaire pourra apporter la clef du diagnostic.

Les masses cervicales non ganglionnaires

À côté des ganglions qui sont le plus fréquemment l'origine des masses cervicale, d'autres structures du cou peuvent en être responsables.

Il existe des masses latérales du cou tel que l'hématome du sterno-cleïdo-mastoïdien, les kystes congénitaux qui résultent d'anomalie embryologique, les lymphangiomes kystiques qui sont des malformations lymphatiques.

Quant aux masses médianes du cou, le kyste du tractus thyréo-glosse (kyste embryologique) est le plus fréquent, les kystes dermoïdes sont plus rares. Quant aux tuméfactions de la thyroïde, elles sont exceptionnelles chez l'enfant.

■ Info 9, 10, 11 ▶ Si cliniquement on peut faire la preuve de la nature de la masse cervicale, on en pratiquera l'exérèse tels les kystes embryologiques médians et latéraux, sinon il faudra envisager une cervicotomie exploratrice.

chapitre 5

L'oreille

« **Les différentes maladies des oreilles** sont les suivantes :
otites, polypes, carie avec hémorragie.

L'otite, d'après son siège, peut être externe ou interne. Dans le
premier cas, les troubles sont passagers. Si le mal persiste, il peut
occasionner la destruction du tympan et des osselets de l'oreille.
Les personnes scrofuleuses sont sujettes aux suppurations qui
peuvent durer des années et sentir très mauvais.

Il faut consulter un spécialiste aussitôt qu'on constate un
trouble de l'ouïe, lui seul doit examiner l'oreille et pratiquer le
nettoyage et la douche auriculaire.

Dans les otites des enfants, on applique dans le conduit auditif,
des tampons d'ouate tiède qui agissent très bien.

Quant au rinçage de l'oreille, il faut qu'il soit ordonné par le
médecin. On prescrit des maillots humides, des bains de vapeur
aux pieds, des bains d'air chaud et un régime approprié. Dans les
cas chroniques, il faut un traitement de plusieurs mois et des soins
qui durent des années. Les polypes doivent être opérés. »

Maux d'oreille ou otalgies

Les otalgies attirent immédiatement l'attention sur l'oreille
mais elle peuvent toutefois relever d'une cause extra-auriculaire.

Toute infection et toute inflammation de l'oreille externe ou de
l'oreille moyenne entraînent une otalgie.

■ *L'otite externe* : c'est l'inflammation aiguë du revêtement cutané du conduit auditif externe et parfois du pavillon. Elle est favorisée par des nettoyages intempestifs ou des bains en piscine. L'eczéma du conduit auditif externe est relativement rare. Il s'associe à d'autres manifestations eczémateuses. L'otite externe se caractérise par une mobilisation douloureuse du pavillon et un rétrécissement du conduit auditif externe. Le plus souvent d'origine microbienne, cette otite sera traitée localement, par des gouttes associant antibiotiques et corticoïdes.

Cette otite externe peut être d'origine mycosique (champignons). Elle se caractérise alors par des débris blanchâtres ou noirâtres à l'intérieur du conduit. Le traitement repose sur l'application locale d'un antimycosique.

En cas d'otite externe et d'eczéma de l'oreille, on veillera à ne surtout pas laisser pénétrer d'eau dans l'oreille.

■ *L'otite moyenne aiguë* : C'est l'inflammation aiguë de la muqueuse des cavités de l'oreille moyenne, elle présente plusieurs phases évolutives : phase d'inflammation ou otite catarrhale, phase de collection séreuse puis purulente.

Un des signes de l'otite catarrhale est une congestion du tympan. Elle peut guérir spontanément. Les antibiotiques sont inutiles, aussi bien par voie générale que par voie locale. **Aspirine** et gouttes à base de **Glycerine Boratee** auront une action antalgique et anti-inflammatoire. ; les gouttes associant Antibiotiques et Corticoïdes sont inutiles, elles ne traversent pas la membrane tympanique.

L'otite aiguë purulente est marquée par une otalgie, une hyperthermie relativement importante, des troubles du transit chez le nourrisson (vomissements, diarrhée, perte de poids). Le tympan est bombant. La paracentèse (incision du tympan) peut être indiquée (forte hyperthermie, hyperalgie) et une antibiothérapie générale est indispensable. La membrane tympanique ouverte, les gouttes auriculaires à base d'antibiotiques et de corticoïdes, seront efficaces. Les lavages d'oreilles ne sont plus de mise.

Quant aux otites aiguës récidivantes, nous nous trouvons devant le problèmes des rhinopharyngites à répétition : adénoïdectomie, si les végétations sont en cause, traitement des rhinopharyngopathies envisagé précédemment.

N'oublions pas que, même de nos jours, toute otite aiguë non traitée ou mal traitée, peut se compliquer de mastoïdite, paralysie faciale, méningite.

L'oreille qui coule

La survenue d'une otorrhée (écoulement d'oreille) chez l'enfant, éveille l'attention des parents. Elle nécessite un traitement approprié afin d'éviter des complications et surtout une atteinte de l'audition.

On se trouve en général en présence d'un enfant dont le « mal d'oreille » a fait place à un écoulement purulent par le conduit auditif externe. Cet écoulement est souvent associé à un autre écoulement purulent d'origine nasale et pharyngée. Il s'agit là d'une otite purulente ouverte spontanément.

On aura recours pendant une huitaine de jours à l'antibiothérapie par voie générale, éventuellement associée à une corticothérapie et aux gouttes auriculaires d'antibiotiques. Le tout devrait être guéri dans les dix jours.

Si l'écoulement persiste au-delà du dixième jour, il faudra suspecter une mastoïdite.

Si l'enfant présente des écoulements auriculaires purulents à répétition : on est alors en face d'une inflammation chronique de l'oreille moyenne qui, hélas ne guérira pas spontanément.

Il convient de distinguer :
– l'otite moyenne chronique *non dangereuse* dite muqueuse ;
– l'otite moyenne chronique *dangereuse* (cholestéatomateuse).

L'otite chronique muqueuse associe otorrhée muco-purulente d'abondance variable et non fétide, surtout en cas d'infection rhinopharyngée, perforation tympanique de taille variable, hypo-acousie modérée.

Son traitement est avant tout, médical : antibiothérapie générale et locale lors d'écoulement, traitement du rhinopharynx. Ce type d'otite chronique exige patience et parfaite entente entre famille, médecin traitant et spécialiste. L'acte chirurgical visera à réparer le tympan et les osselets afin de rétablir l'audition. Il ne sera effectué qu'après assèchement de l'oreille.

L'otite chronique cholestéatomateuse ostéitique est dangereuse, car elle expose à des complications majeures au niveau de la chaîne ossiculaire, du nerf facial, du labyrinthe, de l'oreille interne et du cerveau.

Elle associe une surdité variable, une otorrhée purulente fétide, une perforation avec des débris blanchâtres dans la caisse du tympan.

▮ Info 12 ▶ Le traitement n'est pas médical mais chirurgical. Dans un premier temps, on pratiquera l'exérèse du cholestéatome, formation bénigne évoluant dans la caisse du tympan et provoquant des lésions ostéitiques (atteinte de l'os des parois de la caisse des tympans), dans un second temps, on s'efforcera de rétablir l'audition.

Le formidable potentiel de récidive du cholestéatome nécessite une surveillance rigoureuse. La famille devra être prévenue de cette éventualité.

L'otite séro-muqueuse

Ce terme « otite » évoque douleur et température, il n'en est rien. Sa seule manifestation est une diminution de l'audition rarement signalée par l'enfant.

Elle est imputable à la présence derrière le tympan, d'un liquide plus ou moins épais, du à une mauvaise ventilation de la caisse du tympan. Elle est due, soit à une hypertrophie des végétations adénoïdes, soit à une inflammation chronique du rhinopharynx.

C'est une affection banale, 80 % des enfants entre 6 mois et 7/8 ans présenteront un épisode de ce genre. Son évolution spontanée suit celle des épisodes de rhinopharyngite avec une augmentation de fréquence en période hivernale.

Ses complications seront une atrophie du tympan, mais surtout une hypoacousie plus ou moins importante. Cette hypoacousie se traduit chez l'enfant, par un air distrait, absent. Les parents mettent en cause une inattention et c'est bien souvent l'enseignant qui soupçonne l'existence de l'hypoacousie et qui conseille aux parents de consulter un spécialiste. Le livret scolaire est un excellent reflet de l'évolution de cette surdité. Devant toute modification du comportement d'un enfant, il faut penser à la possibilité d'une surdité et rechercher systématiquement une otite séro-muqueuse.

▮ Info 13 ▮ Le traitement consiste à traiter les voies aériennes supérieures : ablation des végétations adénoïdes, traitement des rhino-pharyngopathies. En cas de surdité importante, la mise en place dans le tympan, d'un aérateur (diabolo) permettra une récupération immédiate de l'audition, évitant ainsi troubles du comportement et retard scolaire. Cela est important lorsque l'enfant est en C.P. pour l'apprentissage de la lecture et de l'écriture. La présence de cet aérateur n'occasionne aucune gêne, il sera laissé en place jusqu'à ce qu'il tombe de lui-même, dans le conduit auditif.

La pose d'un aérateur ne guérira pas l'otite séro-muqueuse, c'est un moyen qui permettra à l'enfant d'entendre. Son traitement est celui des infections chroniques des voies aériennes supérieures.

Traumatisme de l'oreille

Les traumatismes du pavillon : Les contusions peuvent provoquer un épanchement sanglant, fluctuant, déformant les reliefs du pavillon.

Il y a risque de fonte du cartilage (armature du pavillon) aboutissant à « l'oreille de boxeurs », d'où la nécessité d'un drainage et d'un pansement compressif.

Les plaies du pavillon nécessitent une réparation soigneuse visant à recouvrir le cartilage qui est très fragile.

Si le pavillon est entièrement sectionné, des réimplantations sont réalisables, à condition d'intervenir dans les plus brefs délais après l'accident.

Les déchirures du tympan : C'est un accident, non exceptionnel chez l'enfant, soit secondaire à l'introduction accidentelle d'un objet dans le conduit, soit à la suite d'une gifle sur l'oreille.

∎ Info 14 ▶ La cicatrisation spontanée est de règle, l'indication d'une greffe de tympan est exceptionnelle.

Deux précautions sont à prendre : éviter la pénétration d'eau, et s'abstenir de mettre dans l'oreille toute goutte.

Corps étranger de l'oreille

Il est fréquent que l'enfant introduise, dans son oreille, comme dans le nez, des corps étrangers qui vont du haricot à la perle, en passant par la mine de crayon. Il n'y a aucune urgence à extraire ce corps étranger, et on évitera à tout prix d'avoir recours à une pince.

Dans un premier temps, le médecin effectuera un lavage d'oreille. Si cela ne suffit pas à déloger le corps étranger, il faudra adresser l'enfant au spécialiste qui, sous anesthésie générale et sous microscope, en pratiquera l'exérèse, sans risque d'atteinte du tympan voire des osselets.

Le cérumen

Faut-il nettoyer les oreilles des enfants ? **NON** ! par pitié !

Le cérumen est utile, il lubrifie le conduit et a un pouvoir bactériostatique et antifongique ; il s'élimine spontanément.

Si on nettoie les oreilles, en particulier avec un coton-tige, on excite les glandes qui sécrètent le cérumen, augmentant ainsi sa production. Le cérumen peut former un bouchon entravant l'audition. Un lavage d'oreille à l'eau tiède débarrassera le conduit de ce bouchon.

Parents : un conseil ! Évitez de nettoyer les oreilles de vos enfants, (ainsi que les vôtres d'ailleurs !)…

Les sujets qui font des otites externes, des eczémas du conduit, ont souvent un conduit auditif externe sec, sans cérumen. On voit ainsi à quoi l'on expose un conduit en le nettoyant.

Malformations de l'oreille

Anomalies du pavillon : Elles sont particulièrement mal tolérées sur le plan psychologique.

On distingue :

– *des anomalies de dimension* : oreilles trop grandes (macrotie) ou trop petites (microtie) ;

des anomalies de forme : oreille peu plicaturées, non ourlées ;

– ▮Info 16 ▸ *des anomalies de position* : les oreilles décollées, très fréquentes. Il est inutile d'essayer de recoller ces oreilles par différents artifices : bonnet, sparadrap etc. Il s'agit là d'une malformation. Une intervention chirurgicale, à la fin de la croissance de l'oreille, vers l'âge de 7 ou 8 ans, permet d'obtenir une correction, c'est l'otoplastie.

Aplasies d'oreille : Elles sont dues à un arrêt du développement. Elles se rencontrent une fois sur 10 000 naissances.

On distingue l'aplasie mineure frappant exclusivement les osselets. Elle se traduit par une surdité. Son dépistage est d'autant plus intéressant que les progrès de la chirurgie otologique autorisent les interventions réparatrices dès l'âge de 5 ans, avec de grandes chances de succès.

Dans l'aplasie majeure, s'associent une atrophie du pavillon, une imperforation du conduit, une malformation des osselets. Les indications opératoires auront un double but : une amélioration auditive et un pavillon d'oreille en bonne position, de taille et d'aspect aussi proches que possible de la normale. Ces temps de réparation esthétique et fonctionnelle seront menés conjointement. Plusieurs temps opératoires s'étalerons entre 5 ans et l'adolescence. Malheureusement, les résultats, même en des mains exercées, restent encore imparfaits.

Vertiges

■ « État dans lequel il semble que l'on tourne avec tous les objets environnants. La vue devient trouble et l'on garde à peine l'équilibre. Le vertige dépend de différentes causes : l'anémie, les congestions, la nervosité. On peut procurer un soulagement à cet état désagréable en faisant asseoir ou étendre la personne atteinte. Il faut lui fermer les yeux, dégrafer ses vêtements, lui faire avaler quelques gorgées d'eau fraîche. Si les accès récidivent, on donne des bains de pieds chauds et lorsqu'il y a pâleur, on applique une compresse froide sur la tête. »

Les vertiges de l'enfant sont peu fréquents et angoissants car ils peuvent révéler une tumeur qui sera éliminée par des examens cliniques et paracliniques spéciaux.

Les vertiges fébriles dans le cadre d'un syndrome grippal font évoquer une atteinte de l'oreille interne ou du cervelet.

Les autres étiologies particulières de l'enfant sont les vertiges paroxystiques bénins entre 2 et 5 ans. Tout disparaît en général à 5 ans ; ils sont assez fréquents.

Un enfant migraineux sur deux présente des vertiges.

Particulier à l'enfant, il existe aussi le vertige épileptique avec sensation de déplacement. Cette étiologie est rare.

Le Torticolis spasmodique de l'enfant survient entre 2 et 8 mois, se manifeste par une rotation brusque de la tête ou une inclinaison latérale ; il disparaît entre 18 mois et 2 ans.

Enfin, d'autres causes plus particulières à l'enfant, seront les vertiges de l'anxiété, de l'hypoglycémie, et les instabilités par intoxication médicamenteuse, centrale ou labyrinthique : anti-épileptique, tranquillisant, antiparasite, certains antibiotiques toxiques pour l'oreille.

chapitre 6

Surdité de l'enfant

Surdité

■ « Abolition plus ou moins complète du sens de l'ouïe. Elle est complète quand l'oreille a totalement perdu sa capacité auditive, et partielle quand il y a encore perception de bruits particuliers à une certaine distance. Elle n'est pas une maladie mais seulement un symptôme d'un certain nombre de lésions de l'oreille qu'il faut rechercher et examiner pour savoir si elles sont curables. La surdité peut être congénitale ou acquise. »

« L'une et l'autre, chez les très petits enfants, s'accompagnent de mutisme. Les malheureux, atteints de cette infirmité, doivent être envoyés dans un établissement de sourds-muets.

La dureté de l'oreille est souvent curable, s'il ne s'agit pas d'une destruction de certaines parties de l'oreille.

La cause peut dépendre du conduit auditif externe, du tympan ou du labyrinthe, ou encore être due à de graves inflammations ou suppurations.

Il ne faut jamais négliger les catarrhes et les douleurs d'oreilles et se défier des bruits excessifs. »

L'audition c'est le langage. Un enfant sourd ne parle pas ; un demi-sourd parle tard, peu et mal. La surdité de l'enfant constitue une double entrave à la communication, car elle fait obstacle à la compréhension du langage et à l'expression verbale. Il faut savoir qu'un enfant qui naît sourd, est, dans la très grande majorité des cas, normal en ce qui est de ses autres fonctions. Son aptitude à l'acquisition du langage, ses possibilités intellectuelles, ses dispositions caractérielles sont celles d'un nouveau-né ordinaire. Chez l'enfant sourd, laissé à lui-même, des détériorations graves et en partie seulement récupérables apparaîtront dans ces divers domaines, d'où la nécessité d'une éducation précoce.

Étudions rapidement la participation de l'oreille dans l'acquisition du langage. L'enfant percevra tout d'abord les mots et les phrases émis par son entourage dans des conditions particulières. L'oreille traduira ces incitations auditives en influx nerveux le long des voies auditives. Ce message arrivera au cerveau. Il deviendra perception sonore. C'est d'après cette perception que se créera la symbolisation des éléments du langage, compte tenu de l'environnement dans lequel il sont émis. L'enfant pourra ainsi acquérir le langage intérieur à partir duquel se réalisera le langage.

Du cortex moteur, les voies motrices enverront les influx nerveux appropriés aux cordes vocales pour permettre l'émission de vibrations acoustiques qui constitueront la voix. L'enfant constatera alors l'effet produit par ses premiers essais linguistiques, tandis qu'un auto-contrôle se fera par sa propre oreille. Ce cercle fermé permet, au cours des premières années, de fixer le langage et de faciliter sa réalisation.

C'est entre douze mois et cinq à six ans que l'enfant entendant acquiert son langage. Dans la première année, plongé dans un monde de bruits et de voix, il gazouille, d'abord par jeu, puis par imitation. Il émet des sons articulés. Ce n'est que vers 12 mois qu'apparaît le premier mot. À partir de ce moment et jusque vers 6 ans, le développement du langage est prodigieux. On a calculé, qu'entre 18 et 24 mois, le vocabulaire passe, en moyenne, de 10 à 270 mots, soit plus de 10 mots nouveaux par semaine. Le maniement de la langue, grammaire et syntaxe, est acquis sans effort, par la simple vertu du bain de langage dans lequel évolue l'enfant. À 6 ans, l'enfant possède l'essentiel de sa langue maternelle, c'est alors que disparaît son extraordinaire aptitude pour le langage. Un enfant qui n'a pas de langage à 6 ans, ne pourra l'acquérir qu'en apprenant chaque mot, chaque règle de grammaire, comme dans le cas d'une langue étrangère.

Une rupture du cercle, avant l'âge de l'acquisition, c'est-à-dire avant 2 ou 3 ans, entraîne une perturbation profonde. La surdité arrête toute possibilité de stimulation périphérique : pas de perception sonore, donc pas de réaction ni de réalisation du langage. C'est le cas du sourd-muet. Des surdités partielles sont parfois extrêmement nuisibles à l'acquisition du langage car l'enfant ne possède pas toujours une aptitude particulière au langage. Il se peut que l'outil-langage faisant défaut ou étant très déficient, le développement du niveau intellectuel soit médiocre par rapport aux enfants du même âge, entraînant à la longue des troubles affectifs, des troubles caractériels qui peuvent quelquefois dominer la scène, à tel point que la surdité originelle passe inaperçue.

Ainsi, un nouveau-né normal, mais sourd, devient à 6 ans, un infirme. Son langage ne sera jamais bon, son caractère sera déformé, son intelligence irrémédiablement mutilée. Pour éviter pareilles conséquences il faut placer l'enfant, très tôt, dans les conditions les plus proches de la normale, grâce à une prothèse auditive et à des techniques éducatives qui lui permettront de développer son langage selon un processus voisin de celui de l'enfant entendant.

Quant à la cause de la surdité, il existe d'une part des surdités de l'appareil de réception (oreille interne et nerf auditif), soit héréditaires, soit acquises avant la naissance (rubéole, intoxication), pendant la naissance (prématurité, anoxie, ictère par incompatibilité sanguine, traumatismes obstétricaux) ou après la naissance (virus, infection, traumatisme et toute la pathologie de la première enfance), non améliorables par un traitement ; d'autre part des surdités de transmission dont la majorité pourra être traitée médicalement ou chirurgicalement (greffe du tympan).

Une éducation précoce nécessite un diagnostic précoce : c'est le but des centres d'audiophonologie. Si l'on constate, en effet, chez un enfant, de la paresse, de l'inattention, quelques troubles caractériels, des difficultés d'articulation et de langage, un défaut de langage, un défaut de comportement de l'enfant du point de vue affectif, il faut toujours penser à le faire examiner en vue de dépister un trouble auditif méconnu.

Il existe plusieurs degré de surdité de l'enfant :
- la surdité légère (enfant malentendant) qui entraîne des défauts de prononciation, notamment des consonnes ;
- la surdité moyenne : l'enfant parle tard et mal, mais spontanément. Il confond plusieurs voyelles et de nombreuses consonnes. Une prothèse auditive est souvent indispensable ;
- la surdité sévère : seule, la parole à forte intensité est perçue. L'enfant a, non seulement, besoin d'une prothèse auditive, mais d'une éducation orthophonique. En son absence, le langage sera inorganisé ;
- la surdité profonde : aucune parole n'est perçue, en l'absence d'éducation spécialisée, l'enfant serait totalement muet.

La prise en charge de l'éducation des enfants atteints de surdité, est différente selon que la surdité est légère ou moyenne d'une part, qu'elle est sévère ou profonde d'autre part.

Les surdités légères et moyennes atteignent environ 3 % des enfants. Il peut s'agir de surdité congénitale, voire héréditaire, mais le plus souvent, il s'agit de surdité acquise. Il est souvent, bien difficile de les dépister avant 2 ou 3 ans.

L'attention peut être attirée par le manque de réactions aux bruits modérés, et à la voix de moyenne intensité, mais il faut savoir les évoquer devant : un retard ou des troubles du langage, des troubles caractériels, des modifications du comportement scolaire.

Les enfants atteints de surdité légère ou moyenne, suivront un circuit scolaire normal avec un petit support pédagogique, éventuellement, une prothèse auditive et une éducation orthophonique. Ils n'auront aucun problème d'insertion scolaire et social.

Les surdités profondes et sévères posent des problèmes plus difficiles. Ces surdités frappent approximativement un enfant sur mille. Il s'agit toujours de surdités neuro-sensorielles importantes. Toute surdité sévère ou profonde, dépistée chez un enfant, impose :
- un appareillage (prothèse auditive) ;
- une éducation précoce ;
- une guidance parentale.

L'appareillage sera effectué dès la certitude du diagnostic afin d'obtenir les meilleurs résultats. Il permet d'utiliser les restes auditifs portant essentiellement sur les basses fréquences. Cet appareillage ne permet pas à l'enfant de percevoir le monde sonore que connaissent les entendants, mais lui donne une somme d'informations auditives qu'il est fondamental d'exploiter. Si l'enfant est appareillé tardivement, il s'est déjà façonné un monde où les informations auditives n'ont plus leur place. Le bénéfice en sera moindre.

Cet appareillage précoce favorise une véritable éducation auditive et incite l'enfant à prêter attention au monde sonore, même s'il n'en perçoit que des éléments très fragmentaires. Cet appareillage ne peut se concevoir que dans le cadre d'une éducation précoce.

Éducation précoce – guidance parentale

Les premières années de la vie de l'enfant sont particulièrement riches en progrès de toutes sortes. Ce sont les années d'apprentissage les plus fécondes. Il ne faut pas perdre de temps au cours de cette période de la vie qui est, normalement, celle de l'organisation du langage. Il faut cultiver, exploiter au maximum les possibilités propres à l'enfant, entretenir les productions sonores spontanées des premiers mois, amener l'enfant à prendre conscience qu'il existe un monde sonore, qu'il existe un langage. On veillera à exploiter tout ce que peuvent apporter les différentes voies perceptives : la voie auditive, bien qu'elle transmette plus ou moins d'informations à l'enfant, très rarement aucune information du tout, les autres voies perceptives (vue, toucher, sensations liées à la conscience du corps) en particulier, dans la mesure où elles peuvent jouer un rôle de suppléance chez l'enfant privé des informations habituellement transmises par la voie auditive.

L'éducation précoce va poursuivre des objectifs multiples : elle repose sur un ensemble d'attitudes qui ont une signification et un but précis et impliquent que l'on organise, pour chaque enfant, un plan d'action.

Les rôles-clés sont tenus par les personnes qui vont être en contact régulier et répété au cours des mois et même des années, ces personnages sont : en premier lieu l'éducatrice mais surtout, les parents, d'où l'intérêt d'une guidance parentale.

Le deuxième objectif de l'éducation précoce sera la guidance parentale.

Au début de la vie, le rôle de la mère est fondamental : Spitz montre comment le sourire du deuxième mois est à la base des relations sociales ultérieures, car il est la première manifestation intentionnelle de l'enfant vis-à-vis du visage humain ; il nous montre comment, vers 8 mois, l'enfant privilégie un être humain : la mère, et manifeste du déplaisir pour tout visage qui ne correspond pas à celui que sa mémoire a enregistré. Spitz décrit aussi la façon dont, au moment de la marche, les relations se modifient. La mère devient souvent interdictrice : l'enfant s'éloigne d'elle mais son intervention peut être indispensable le mot qu'elle prononce le plus fréquemment est « non », qu'elle souligne au début par un geste ou une action physique tant que l'enfant ne comprend pas l'interdiction verbale. Par identification avec la mère, l'enfant va acquérir la maîtrise de la négation. Cette acquisition a un gros impact sur le développement mental, « elle présuppose qu'il a acquis son premier pouvoir de jugement et de négation ».

La mère est, le médiateur des perceptions. C'est elle qui choisit par sa parole les jeux et les jouets, ce qui stimulera l'enfant. À un mois, les perceptions commencent à prendre forme : sur le plan auditif les sons peuvent révéler, par conditionnement, un aspect significatif. L'audition prend de l'importance à partir du moment où l'enfant peut être vigilant au monde extérieur.

Dès trois mois, le bébé qui pleure, peut être calmé à la seule audition (sans support visuel) de la voix maternelle ou des bruits de préparation du biberon.

À six mois il saisit le sens de la tonalité de la voix, il réagit au ton amical ou réprobateur et il semble que c'est à cet âge qu'apparaît la boucle audiophonatoire. C'est d'ailleurs à ce moment-là que le babillage de l'enfant sourd cesse, faute de stimulation auditive.

D'où l'importance fondamentale de la mère pendant tous les premiers moments de cette évolution vers une certaine autonomie. Environ jusqu'au quinzième mois c'est elle qui suscite par les stimulations qu'elle apporte les progrès du développement psychique.

Il semble donc que, jusque 15 ou 18 mois, la relation privilégiée soit celle qui est entretenue par la mère.

Les débuts de la deuxième année représentent un tournant important dans la relation de l'enfant avec autrui. Par le jeu des identifications et des relations interpersonnelles, l'enfant va progressivement prendre sa place dans la famille puis dans la société. Ce rôle primordial de la mère existe aussi sur le plan du langage.

En effet, outre l'intégrité des organes phonateurs et la maturité suffisante du système nerveux, l'acquisition du langage ne peut se faire que si l'enfant éprouve l'envie de parler, si des modèles lui sont fournis qu'il puisse imiter. C'est la mère qui est responsable de l'appétence de l'enfant pour le langage et qui va lui fournir ces modèles.

De ce fait, les parents doivent réagir à la surdité de l'enfant, l'accepter, se sentir motivés dans l'éducation précoce et y prendre une part de plus en plus active. Des relations de confiance mutuelle doivent s'établir entre les parents et l'éducatrice.

Avant deux ans un des parents, en général la mère, doit être présent lors de la rééducation. La mère sera rassurée devant les progrès de son enfant qui sera heureux de voir sa maman détendue et confiante. Des conseils seront donnés à la mère : parler en face de l'enfant, lui faire acquérir certaines habitudes, stimuler son audition. En outre, sa présence, en séance, lui permet d'examiner comment l'orthophoniste s'adresse à l'enfant et prendre conscience des difficultés et des possibilités de celui-ci.

C'est à la mère que revient le rôle fondamental de faire passer dans le vécu quotidien, ce que l'orthophoniste présente. Il lui incombe, non pas d'être répétitrice, mais de reprendre les exercices à sa manière à elle, et dans le cadre de sa relation privilégiée avec son enfant.

Le père doit être impliqué dans cette action auprès de l'enfant. Toutefois, la relation qu'il entretient avec son enfant, va devenir primordiale un peu plus tard, au moment de l'identification à l'image masculine. L'orthophoniste demandera au père d'assister à quelques séances.

Cela est très important. Effectivement, il est encore admis, malgré toute l'évolution de la condition féminine que l'éducation des enfant est surtout l'affaire de la mère. Ici et plus encore, que dans le cas d'un enfant sans problème, le père soit être attentif à se faire présent et disponible à travers ses contacts avec l'enfant. C'est dans l'intimité des contacts les plus banaux qu'il trouvera sa place et jouera son rôle de père et son rôle de père d'enfant sourd.

Il n'est pas rare que le père s'exclue volontairement au plan de la rééducation, prétendant qu'il ne sait pas ou qu'il n'a pas le temps ou la patience et on arrive à des situations mal équilibrées : la mère s'efforce de se conformer à ce qui est conseillé, par exemple incitant l'enfant à lire sur les lèvres, alors qu'avec le père l'enfant a des échanges d'un tout autre mode.

Il est bon que les parents se réunissent, de temps en temps, pour une séance d'éducation précoce afin que le père saisisse mieux le but poursuivi.

On parle beaucoup du rôle du père et du rôle de la mère mais, un enfant sourd a besoin surtout, et plus encore, qu'un autre enfant, de sentir un équilibre harmonieux autour de lui.

Il est de toute première importance de tenir le plus grand compte de la vie personnelle, de l'équilibre des parents. L'enfant a besoin d'un père qui est un homme, d'une mère qui est une femme et cela bien plus que d'une mère qui se consacre totalement à lui, même si elle le fait avec le plus grand dévouement, souvent au détriment du reste.

Les parents doivent comprendre que le langage et la parole ne passent pas d'abord par la répétition, mais que la parole naît progressivement du jasis de l'enfant, chez le petit sourd comme chez l'entendant que le langage se développe à partir des situations que vit l'enfant. L'orthophoniste aidera la mère à trouver la bonne situation, à corriger certaines maladresses éducatives.

Aux environs de deux ans, l'enfant vient souvent seul en séance. La séparation doit se faire en accord avec la mère et progressivement. L'enfant ayant acquis une certaine autonomie, les relations avec l'orthophoniste n'ont plus besoin de passer par la mère. Un enfant malentendant de cet âge est, en général, plus capricieux en présence de sa mère qu'avec une tierce personne. La mère revient régulièrement à quelques séances pour se rendre compte de l'évolution de la rééducation. L'orthophoniste a grand besoin de contacter les parents à la fin de chaque séance pour expliquer les notions et activités abordées. Elle commente le comportement de l'enfant dans telle ou telle situation afin qu'ils se sentent concernés par ce qui s'est passé en leur absence. L'orthophoniste utilise comme lien concret, entre les parents et elle-même, un carnet dans lequel elle note à chaque séance, le vocabulaire abordé, ajoute les images qui lui servent de support. L'enfant est, en général, très fier de ce carnet. On souhaite que les parents soient avant tout des parents, qu'ils aient confiance en eux-mêmes et en l'éducation qu'ils donnent à leur enfant, qu'ils n'accordent pas une importance excessive au handicap afin de favoriser l'épanouissement naturel de leur enfant.

Il peut arriver que les conseils de l'orthophoniste aux parents ne soient pas suffisants pour les aider à surmonter certaines difficultés : périodes de découragement, périodes d'hésitations quant à l'attitude éducative à adopter. On pourra alors avoir recours à un psychologue.

Ces difficultés proviennent quelquefois de la fratrie de l'enfant sourd. Certains frères ou sœurs supportent mal tout le soin donné au petit sourd. Il suffit quelquefois que le frère ou la sœur vienne assister aux séances pour que tout rentre dans l'ordre : le ou la psychologue peut, à cette occasion, avoir un entretien avec les parents ou l'enfant concerné.

En conclusion le comportement des parents a une influence profonde sur la bonne marche de l'éducation. L'orthophoniste se doit de rassurer les parents, de leur expliquer quelle sera la marche de l'éducation, de situer très exactement, dans le temps, quelques dates. Les parents doivent comprendre ce que l'on attend de l'éducation précoce : un éveil de l'intérêt, une attention pour ce qui entoure naturellement l'enfant, une éducation perceptive de tous les sens, une structuration de l'espace, du schéma corporel, une organisation de toutes les notions qui vont permettre à l'intelligence de se développer, le travail de la compréhension du langage précédant pendant de longs mois, le début d'expression. La progression de l'enfant sera d'autant plus aisée que la famille saura créer autour de lui, un climat attentif, affectueux et détendu : les problèmes sont, pour l'enfant, d'autant moins aigus que les parents auront mieux surmonté les leurs.

Scolarité de l'enfant sourd

L'éducation scolaire des enfants sourds a beaucoup évolué.
Actuellement, deux orientations sont perçues :
- l'une donne la préférence ou l'exclusivité au placement en établissement spécialisé ;
- l'autre donne la préférence aux solutions les moins ségrégatives. Elle limite le recours aux établissements au cas où pour des raisons médicales, psychologiques, pédagogiques, sociales ou géographiques, elle est inévitable.

Les structures existant actuellement sont :
- les instituts spécialisés : structures les plus anciennes, les enfants y sont acceptés en internat dès l'âge de 3 à 4 ans, notons que l'accueil en externat se développe : certains ont créé un système de famille nourricières pour les plus jeunes, d'autres tentent des expériences d'intégration ;
- les classes annexées, créées par l'Éducation Nationale, dans des écoles maternelles ou primaire, ou des collèges d'enseignement secondaire, ce sont des classes spéciales recevant des enfants sourds. Ils bénéficient d'un enseignement par petits groupes, dispensé par des instituteurs spécialisés.

Pour un certain nombre de ces classes, un soutien médical et paramédical est assuré grâce à l'intervention de collectivités locales ou d'associations. La situation, dans une école normale, favorise les contacts des déficients auditifs avec les entendants, en dehors des heures de cours. Cette formule a permis de créer des structures ouvertes, favorisant l'intégration. Toutefois, les faibles moyens en hommes et en appareils, dont elle dispose, rendent les résultats aléatoires ; souvent ces classes ne peuvent répondre qu'aux besoins des déficits moyens.

Les externats spécialisés privés sont des centres qui prennent en charge les enfants en externat à mi-temps ou à temps complet. À l'âge préscolaire, le choix est le mi-temps spécialisé dans le centre, l'autre mi-temps étant réservé à une scolarité en classe maternelle normale qui s'effectue dans l'école du quartier de l'enfant. À l'âge primaire, les enfants présentant un déficit auditif important, sont scolarisés à plein temps dans le centre.

Certains enfants sont scolarisés à temps complet, en classe normale. Leur soutien est alors assuré par la famille avec l'aide, soit d'un centre de rééducation qui reçoit l'enfant une ou plusieurs fois par semaine, soit d'une orthophoniste recevant de la clientèle à titre privé. La réussite d'une telle formule dépend de la famille bien sûr, mais aussi d'autres facteurs.

Enfin, l'école intégrée est un centre spécialisé pour déficients auditifs fonctionnant en externat et en internat, créé au sein d'un groupe scolaire normal. Ce centre est équipé pour le diagnostic, la rééducation et l'éducation spécialisée des déficients auditifs. Cela favorise particulièrement les contacts entre entendants et sourds :

À l'âge préscolaire :
- soit mi-temps spécialisé avec rééducation individuelle et collective et mi-temps réservé aux activités communes avec des enfants entendants du même âge ;
- soit, intégration à trois-quarts de temps, une heure et demie à deux heures par jour étant réservées à la rééducation du langage individuel et collectif. Tous les enfants déficients auditifs peuvent bénéficier de cette deuxième formule à l'âge préscolaire, quelque soit leur degré de déficience à condition de ne pas présenter un handicap associé grave.

À l'âge élémentaire (6 à 12 ans) :
- Certains enfants sont scolarisés dans des classes spécialisées où ils bénéficient de l'enseignement spécial et des rééducations nécessaires. Un temps d'intégration est prévu tous les jours ou plusieurs fois par semaine, avec des enfants de même niveau pour des activités sportives ou manuelles, pour des promenades et pour certaines activités d'éveil.

Les enfants qui ont un niveau linguistique et scolaire suffisant, sont intégrés à plein temps dans une classe normale et repris quotidiennement dans le centre spécialisé pour des rééducations orthophoniques et psychopédagogiques.

De plus en plus, le problème des inconvénients de la ségrégation se pose. Une évolution très nette s'effectue en faveur de l'intégration des déficients auditifs en milieu scolaire normal. Cette intégration est rarement facile à réaliser, elle demande des moyens supérieurs à ceux nécessités par une éducation en établissement spécialisé.

Il parait légitime de penser que tous les déficients auditifs doivent bénéficier de contacts avec les enfants entendants. Quelque soit leur degré de surdité, cela sera réalisé à des degrés divers : depuis l'intégration sociale pour les activités préscolaires, en passant par l'intégration partielle pour certaines activités ne requérant pas un niveau de langage trop élaboré, jusqu'à l'intégration totale, c'est-à-dire une scolarisation en classe normale.

Cette intégration n'est pas obligatoirement progressive ; selon les difficultés particulières de chaque enfant, selon les possibilités d'accueil du milieu normal, l'enfant déficient auditif pourra bénéficier d'une scolarité normale ou spécialisée, sans que le passage d'un régime à l'autre soit considéré comme une promotion ou un échec. L'intégration devra être pratiquée à la carte, elle sera toujours prudente, préparée, adaptée à chaque cas particulier, pas obligatoirement progressive mais assez souple pour permettre un retour en arrière. On la poursuivra tout au long de la scolarité.

La difficulté essentielle reste la pondération entre éducation spécialisée et intégration :
- l'intégration est capitale pour l'insertion sociale et le développement de la communication orale ;
- l'éducation spécialisée reste la plus souvent nécessaire pour la démutisation. Les apprentissages scolaires le sont dans de nombreux cas. Quant à la formation professionnelle elle peut

parfois aider. Cette pondération est la clé de la réussite et doit être l'objet d'une réflexion constante et d'une remise en question perpétuelle.

Il va, sans dire, que l'intégration scolaire se prépare et se complète par l'intégration dans la famille.

Langue des signes

Si le langage oral avec lecture labiale doit être favorisé comme le plus universel, on ne doit pas ignorer l'importance de la langue des signes dans la rééducation de l'enfant sourd.

Si le bilinguisme (langue vocale et langue des signes) est vécu d'une manière naturelle, c'est-à-dire lorsque les langues sont utilisées dans des contextes prévus où elles sont autant valorisées l'une que l'autre par la famille et l'enfant, il ne peut apporter que bénéfice.

Ce bilinguisme est le seul moyen qui permette à l'enfant sourd d'accéder à la parole d'une façon naturelle dans une langue visuelle où il ne connaît aucune limitation dans le processus d'acquisition du langage.

La langue des signes est une langue beaucoup plus qu'un simple outil et qu'un moyen de communication. Elle permet à l'enfant de s'identifier, s'exprimer, se situer face aux autres. Elle est un bien inestimable dans la vie de l'enfant sourd.

Lorsque l'enfant sourd a accès à la langue des signes dès son plus jeune âge, il peut prendre toute sa dimension de sujet parlant. Il peut alors mieux maîtriser la langue vocale et son entrée dans le monde de l'écrit.

L'implant cochléaire

L'évolution technique de l'implant cochléaire a été considérable depuis sa mise en œuvre en 1970. Il permet la réhabilitation des surdités totales chez des enfants vivant dans un monde de silence.

Cependant, son indication doit être minutieuse et repose sur une équipe ; l'importance de la réussite est fonction du suivi avec l'aide orthophonique et éducative ayant la charge quotidienne de l'enfant.

Pour bénéficier d'un implant cochléaire, l'enfant doit avoir une surdité qui ne tire aucun bénéfice d'une prothèse auditive électro-acoustique (prothèse auditive normale).

Ces prothèses auditives sont implantées chirurgicalement dans la cochlée et ont pour but de stimuler électriquement les fibres du nerf cochéaire.

Lecture et défiance auditive

Les enfants déficients auditifs sont concernés par la difficulté d'accession à la lecture. De par la nature du handicap, un enfant sourd éprouve des difficultés à assimiler les sons et les sens.

Dés 1998, l'Association Nationale des Parents d'Enfants Déficients Auditifs (ANPEDA) proposait des livres adaptés à ces jeunes sourds, alliant l'écriture et le dessin représentatif d'un son ou d'un phonème délicat.

Les séries des « *Comme Agatha* » éditée par la libraire « Des 3 Ours » présente des images aux enfants qui créent leur propre histoire suivant leur capacité d'imagination, presque inexistante chez le sourd profond. L'intérêt réside dans la découverte de cette imagination naissante qu'il faut ensuite cultiver et développer.

Il est difficile d'entrer dans le monde des malentendants où sensations, images, textes ne sont pas perçus comme nous le percevons. Elle pose la question essentielle pour amener l'enfant sourd à ce monde d'imagination et de rêve : quel langage utiliser pour entrer en communication, le leur ou le nôtre ? Comment participer à leur épanouissement sans connaissance approfondie de leur langage interne et de leur mentalité ? Les questions sont soulevées dans le très beau roman de Didier Jean et Zad « Deux mains pour le dire » (Syros jeunesse, les uns les autres, L.S.A avril

2000) ou dans « Le Guignol du fond de la cour » de R. Pillot (Casterman, Romans Huit et plus, L.S.A septembre 1998).

L'important est d'arriver à sortir l'enfant de l'isolement dans lequel il se trouve par son handicap ; à lui faire découvrir des plaisirs qui nous semblent simples mais qui, pour lui, sont les résultats d'un travail ardu.

Le bruit

« *Parents, protégez les oreilles de vos enfants* »

La baisse de l'audition est d'abord le fait d'un processus naturel de vieillissement : la presbyacousie, phénomène qui apparaît chez de nombreuses personnes vers l'âge de 60 ans environ.

Elle peut-être aussi la conséquence d'une surexposition sonore, notamment aux bruits des loisirs.

L'oreille des jeunes est exposée au traumatisme sonore aigu tel que l'explosion des pétards de fêtes pouvant entraîner une perte auditive irréversible, mais surtout aux traumatismes sonores chroniques tel que l'écoute de musique amplifiée (baladeur, concerts de rock, discothèque). Nombre de ces jeunes seront concernés par des altérations, parfois irréversibles, de leur système auditif.

Pénible à partir de 65 à 70 décibels (le décibel est l'unité de mesure de l'intensité d'un son) le bruit devient dangereux à partir de 90 décibels. À 120-130 décibels, il y a risque de dégâts immédiats et irréversibles.

Les jeunes sont sans cesse exposés involontairement à des niveaux sonores de plus en plus élevés. Les bruits présents dans leurs loisirs occasionnent un véritable danger pour leurs oreilles.

Les niveaux sonores en discothèques sont souvent très élevés : plus de 100 décibels jusqu'à 120 décibels. Une nouvelle menace plane sur les oreilles de la future génération : la « techno », cette musique est de plus en plus écoutée dans les discothèques et les raves.

L'audition en casque de la chaîne HIFI et des baladeurs majore les risques de traumatismes sonores, d'autant que la durée d'écoute peut-être prolongée.

La consommation effrénée de décibels dans les loisirs musicaux des jeunes est un fait sociologique incontestable. Il n'est pas rare d'entendre un jeune résumer ainsi sa journée musicale :

> *on se lève, radio réveil à fond*
> *on fait son jogging baladeur au maximum*
> *on monte dans sa voiture, la cassette plein pot,*
> *on rentre chez soi, on se met sous le casque,*
> *on sort en boîte, on s'éclate contre la sono.*

Que la consommation effrénée de décibels dans les loisirs musicaux soit le reflet de notre monde moderne, ou l'effet d'un conflit de générations, ce type de réponse encouragé par ceux pour qui tout créneau est bon à prendre constitue à terme un danger certain pour l'équilibre psychologique et physiologique de nos jeunes.

Le baladeur, les discothèques assourdissantes sont dangereux. Celui qui aime les bruits de la vie et la musique risque d'entrer dans le silence désertique des sourds.

Le fœtus entend-il ?

Cette question est souvent posée.

Le fœtus au sein de sa mère est soumis à des stimulations auditives même si le monde extérieur est silencieux. À la 24e semaine de gestation, son organe auditif a déjà fini de se développer. Le bruit intra utérin dont l'intensité globale peut être chiffrée à 65-70 décibels est essentiellement constitué de composantes graves allant de quelques Hertz à 100 Hertz environ (le Hertz est l'unité de mesure de la fréquence d'un son), avec des pointes d'intensité correspondant aux bruits d'origine maternelle vasculaires et intestinaux.

Les sons extérieurs sont transmis à travers les parois abdominales qui les atténuent de façon de plus en plus importante surtout les fréquences aiguës. L'atténuation globale a été mesurée à 18 décibels.

De ce fait, les fréquences conversationnelles comprises entre 125 et 2000 hertz sont perçues in utéro à un niveau émergeant le bruit du fond utérin.

Des analyses sur les variations du rythme cardiaque fœtal et ses mouvements permettent de mettre en évidence que les stimulations acoustiques d'un niveau supérieur à 100 décibels provoquent des réactions d'effroi et d'inconfort chez le fœtus.Il a été démontré que les femmes enceintes travaillant dans le bruit ont plus d'arrêts de travail que les autres et ont des nouveau-nés dont le poids moyen est plus faible.

chapitre 7
_____

Troubles de la parole
et du langage

Nasillement

« Il faut observer, chez les enfants, le timbre de la voix et leur
manière de parler. Si un nasillement a lieu, c'est qu'il s'agit d'une
excroissance dans le nez ou d'une paralysie de la luette comme
après la diphtérie et, plus rarement, d'une prononciation défectueuse. Un examen médical sérieux, des exercices quotidiens de
prononciation faciliteront le traitement. Une dérivation par des
procédés appropriés en cas d'excroissance dans le nez, l'amélioration des humeurs par un régime convenable, des gargarismes
avec du jus de citron, la gymnastique respiratoire amènent une
heureuse modification. Parfois, il faut s'adresser à un spécialiste. »

Les troubles de la parole et du langage observés chez l'enfant
peuvent exister à titre isolé ou être consécutifs à des perturbations
auditives, neurologiques, intellectuelles ou affectives. La première
éventualité est la plus fréquente.

Troubles de la parole et du langage isolés

On assiste en général sur la coexistence d'une gaucherie
contrariée ou non, d'une dominance latérale mal établie, de

troubles de l'organisation temporo-spatiale et du développement moteur ; mais ces troubles ne sont pas constants.

■ *Les défauts d'articulation* : sont une erreur permanente et systématique, dans la production des phonèmes : zozotement, zézaiement, chuintement.

La rééducation du défaut isolé de prononciation est en principe, facile. Il s'agit dans un premier temps de faire acquérir à la musculature buccale, une position appropriée puis de la rendre automatique. On tiendra compte du niveau d'intégration intellectuelle et moteur de l'enfant.

■ *Le retard simple du langage* : non consécutif à un trouble auditif ou à une arriération mentale, doit être apprécié non pas en fonction de la date d'apparition du premier mot, mais en fonction de l'apparition de la première phrase, entre 3 et 6 ans. Seuls existent des troubles de l'expression verbale, la compréhension du langage est intacte.

L'évolution régressive sera soit spontanée, soit aidée par une rééducation qui permettra d'éviter la persistance d'altération minime, telle que la construction maladroite de la phrase.

Pour un enfant de niveau intellectuel normal, la rééducation du retard de langage est plutôt une éducation. On lui fait acquérir par l'intermédiaire des moyens sensoriels dont on dispose la conception des différentes catégories de la pensée : l'espace et le temps, la relation, l'ordre, des catégories de la langue : le nombre, le genre, la personne.

Très souvent, le retard de langage est sous-tendu par un retard affectif dû à l'attitude des parents qui favorisent un comportement de nourrisson chez leur enfant :

– hyperprotection maternelle, mettant l'enfant dans une situation telle qu'il n'éprouve pas la nécessité de parler, tout désir étant réalisé d'avance ;

- anxiété du milieu devant les moyens d'expression, leur apparition et l'autonomie qui se dessine chez l'enfant avec la parole ;
- exigence trop grande, ne permettant pas au petit enfant de parler suivant ses moyens avec les défauts de son âge. Terrorisé, en situation d'échec, l'enfant se refermera sur lui-même. Il faudra guider les parents, leur conseiller de changer d'attitude pour le bien de leur enfant.

■ *Dyslexie – dysorthographie* : c'est l'incapacité d'acquérir, dans les délais habituels, la lecture et l'orthographe. On l'observe chez des enfants d'intelligence normale, sans problème visuel ou auditif, n'ayant aucun trouble du comportement, et dont la scolarité en maternelle s'est régulièrement effectuée.

Lors de l'initiation à la lecture les difficultés suivantes sont habituellement constatées : confusion de lettres symétriques (d, b), confusion de lettres phonétiquement voisines (p-b, d-t, f-v), inversion de lettres à l'intérieur d'un mot.

Lorsque la lecture devient possible elle est lente, monotone. Les erreurs sont fréquentes : omission, substitution, confusion rendent la lecture incompréhensible pour l'auditeur et le lecteur. Guidé par la reconnaissance de quelques lettres l'enfant invente un mot ; souvent il ne termine pas la ligne, en saute une, en reprend une au-dessus.

L'acquisition de l'écriture est également laborieuse. Les erreurs sont superposables. On constate des inversions de droite à gauche, dans la formation des lettre (b-d), des inversions dans la succession des lettres et des syllabes. Le graphisme est défectueux : inégalité des caractères, irrégularité du tracé, mauvaise disposition des lettres ; l'ensemble est indéchiffrable. Par la suite, les erreurs seront plus durables que dans la lecture : omission de lettre, de syllabes, confusions orthographiques par méconnaissances grammaticales et parfois contresens.

Insistons sur la fréquence, chez les dyslexiques, de perturbations associées : troubles de la latéralité, de l'organisation
spatiale, de la perception du rythme. La dyslexie peut être un
aspect évolutif des troubles du langage du jeune enfant. On retrou-
vera les mêmes erreurs lors des trois moments du langage que sont
la parole, l'écriture, l'orthographe.

La dyslexie-dysorthographie nécessite une consultation pho-
niatrique. L'enfant sera orienté vers une rééducation orthophonique, en psychomotricité, ou vers une psychothérapie, même
pendant les études secondaires.

■ *Dysphasie* : elle englobe les troubles de la parole et du langage dus à
   une altération de l'acquisition du langage au moment du développement de l'enfant. Cela s'accompagne souvent de difficultés de
   lecture et d'orthographe, une perturbation dans les relations et des
   troubles du comportement.

Ces troubles ne sont pas directement dus à des anomalies
neurologiques, anatomiques (larynx normal), des altérations des
organes des sens (yeux, oreilles...), un retard mental ou des
facteurs d'environnement.

La conséquence de cette dysphasie sera des échecs scolaires
précoces (début du primaire) et massifs.

Ces troubles sont plus ou moins sévères et la prise en charge
sera graduée.

La majorité des enfants pourront suivre une classe ordinaire
avec une pédagogie spéciale. Dans les cas sévères il faudra avoir
recours à des classes spécialisées dans un établissement ordinaire
ou un établissement spécialisé permettant des rééducations et des
interventions thérapeutiques intensives et pluridisciplinaires.

L'importance sera le diagnostic de ce trouble qui relève du
neuropédiatre, du psychiatre infantile, de l'ORL et la rééducation
sera pluridisciplinaire : enseignants, orthophonistes, psychologues,
neuro-pédiatres et psychiatres infantiles.

■ *Bégaiement* : le bégaiement est une affection caractérisée par la difficulté d'articuler les mots. Cela consiste dans l'hésitation, la répétition saccadée, la suspension pénible et même l'empêchement complet de la parole, portant soit sur toutes les syllabes ou sur quelques-unes en particulier. Le bégaiement doit se distinguer de tous les embarras du langage qui sont symptomatiques, soit d'affection cérébrale, soit de certaines névroses. Il peut être supprimé par des exercices respiratoires par la confiance et l'empire de soi-même. Chez les enfants surtout, on arrive à de bons résultats, si on les conduit de bonne heure vers un spécialiste.

Le bégaiement est un trouble du débit élocutoire. Il apparaît entre 3 et 5 ans, survenant comme complication d'un retard de langage, ou plus tard, à l'âge de l'entrée à l'école, ou en période d'adolescence.

La personnalité du bègue est loin d'être univoque. Le niveau intellectuel est statistiquement superposable à celui des sujets non bègues. L'hyperémotivité est classique. L'immaturité affective, un sentiment d'infériorité, une grande difficulté d'adaptation sociale sont fréquemment observés.

Il est difficile de faire la part de ce qui est préexistant et de ce qui est secondaire à la difficulté élocutoire qui perturbent les relations de l'enfant avec son entourage.

Les troubles moteurs, de l'organisation temporo-spaciale et de la latéralité sont loin de constituer un facteur essentiel. On peut imputer le bégaiement à trois facteurs dont la combinaison est variable : les troubles moteurs ou psychomoteurs, les troubles du langage, les troubles affectifs. À un moment du développement, survient une perturbation qui provoque dysharmonie et décalage.

La rééducation consistera à faire acquérir au bègue le rythme de sa parole, et une coordination du souffle et de l'émission verbale. Seront associées, selon les cas, une relaxation, une rééducation psychomotrice, voire une psychothérapie.

■ ***Mutisme*** : c'est l'absence d'expression verbale malgré l'intégrité des fonctions concourant à l'élaboration du langage. C'est un trouble affectif.

Chez le jeune enfant l'observation en est quotidienne. Le mutisme est sélectif dans certaines circonstances telle à l'école, en présence d'un étranger, il cesse avec elles. Si le traumatisme affectif est important le mutisme peut être durable : mutisme de détresse de l'enfant séparé de sa mère.

C'est l'un des éléments de réaction d'opposition et d'inhibition observés chez l'enfant d'âge scolaire.

Il peut constituer l'élément le plus évident de troubles sévères du développement de la personnalité. Sa persistance nécessite la consultation d'un spécialiste.

■ ***La raucité vocale infantile (voix rauque)***

Il sera bon de faire examiner l'enfant par un spécialiste ORL pour éliminer une affection organique.

La raucité de la voix reflète souvent un problème familial ou scolaire. Avant l'âge de 5 ou 6 ans, des conseils phoniatriques seront donnés aux parents. Ultérieurement, une rééducation orthophonique ne sera possible que si l'enfant est personnellement motivé.

■ ***Les troubles de la mue*** : la mue est l'établissement d'une voix normale d'adulte par transformation de l'organe vocal infantile en organe adulte, concomitant à l'évolution sexuelle.

La voix du jeune garçon descend d'une octave et devient plus intense. Cette mutation dure six mois à un an. Elle s'accompagne de congestion du larynx et de dyscoordination musculaire déterminant le « couac » et la succession de sons aigus de l'enfant et de sons graves de l'adulte.

Chez les filles, les variations sont moins marquées. Elles sont plus précoces et plus rapides. La voix s'abaisse seulement d'une tierce.

Pendant la mue, la voix doit être ménagée, le solfège et le chant sont à proscrire.

Les troubles de la mue revêtent diverses formes :

- *l'absence de mue* : la voix reste infantile, elle est aiguë chez l'homme, en corrélation avec le non développement des organes vocaux déterminé par l'insuffisance génitale. C'est la voix des castrats ;
- *la mue faussée* : la transformation des organes vocaux est faite, mais la voix reste infantile : émise très haut. Le trouble est psychique. Cette mue faussée se constate chez le sujet ayant plus de 15 ans. Par timidité, insuffisance de volonté, peur du ridicule, le sujet continue à utiliser uniquement sa voix de fausset. Il ne sait comment la transformer en voix grave. Trois ou quatre séances de rééducation orthophonique rendront une voix normale à ce garçon ;
- *la mue précoce* : apparaît chez l'enfant impubère qui adopte une voix d'adulte. Le plus souvent, cette voix grave n'est qu'une imitation le plus souvent inconsciente, par affection ou admiration. Il s'agit d'une élévation vocale de nature psychique. Une rééducation orthophonique réalise facilement une réhabilitation de la voix infantile.

Troubles de la parole et du langage associés à d'autres anomalies

La recherche des anomalies associées, éventuellement responsables des troubles de la parole et du langage, doit être systématique.

Indispensable à la construction du langage, l'audition l'est aussi à son maintien chez le jeune enfant. Il faut évoquer un trouble de l'audition chez tout enfant ayant des troubles du langage.

Les divisions palatines et insuffisances vélaires sont des malformations qui affectent la parole : nasonnement sur les voyelles, déperdition et souffle nasal déformant voyelles et consonnes, telles que a - o - p - t - k. La rééducation, avant 4 ans, est difficile. Entreprise trop tard, elle laisse des séquelles souvent notables.

chapitre 8

Informations aux parents

Selon le Collège Français d'ORL
et de Chirurgie cervico-faciale

■Info 1 ▶ INFORMATIONS MÉDICALES AVANT
RÉALISATION D'UNE ADÉNOÏDECTOMIE

Madame, Monsieur,
Votre enfant doit être opéré des végétations : c'est l'adénoïdectomie. Afin que vous soyez clairement informés du déroulement
de cette intervention, nous vous demandons de lire attentivement
ce document d'information. Votre chirurgien est à votre disposition
pour répondre à toutes vos questions.
N'oubliez pas de dire à votre chirurgien les traitements qu'il
prend régulièrement, et en particulier Aspirine, anticoagulants...
N'oubliez pas de signaler s'il a déjà présenté des manifestations
allergiques, en particulier médicamenteuse. Enfin n'oubliez pas
d'apporter, lors de l'hospitalisation, les documents médicaux en
votre possession : prises de sang, examens radiologiques
notamment.

But de l'intervention

Les végétations sont constituées d'un tissu lymphoïde normal,
situé dans l'arrière-nez. Leur hypertrophie ou leur infection
chronique est très fréquente chez l'enfant.

L'ablation des végétations est justifiée en cas :
– d'obstruction nasale ;
– de rhino-pharyngites récidivantes et de leurs complications, notamment les otites.

Réalisation de l'intervention

Pour effectuer cette intervention, une anesthésie générale est programmée. Il est de la compétence du médecin-anesthésiste-réanimateur, que vous verrez en consultation au préalable, de répondre à vos questions relatives à sa spécialité.

L'intervention est rapide et s'effectue à l'aide d'une curette introduite par la bouche. Elle permet d'enlever la majeure partie des végétations.

Les suites opératoires sont, en règle, simples. Un petit mouchage sanguinolent persiste pendant les premières heures.

La durée d'hospitalisation et les soins post-opératoires vous seront précisés par votre chirurgien.

Risques immédiats

Un saignement plus abondant peut, dans certains cas, nécessiter un geste local.

Plus rarement peut survenir un épisode infectieux rhino-pharyngé ou une otite aiguë.

Compte tenu des instruments utilisés pour réaliser l'intervention, la langue ou les lèvres peuvent être pincées. La mobilisation ou la chute d'une dent de lait en particulier peut s'observer.

Risques secondaires

Après cicatrisation, on peut observer une modification de la voix liée à une fuite d'air au niveau du voile du palais. Il pourra, dans ce cas, être nécessaire d'envisager une rééducation orthophonique.

L'ablation des végétations ne met pas à l'abri d'une récidive ultérieure de la pathologie nasale ou des otites.

Complications graves et/ou exceptionnelles

Tout acte médical, investigation, exploration, intervention sur le corps humain, même conduit dans des conditions de compétence et de sécurité conformes aux données actuelles de la science et de la réglementation en vigueur, recèle un risque de complication.

Une inhalation de sang peut se produire lors de l'intervention ; celle-ci peut être responsable d'une infection broncho-pulmonaire qui nécessitera un traitement médical.

L'infection cervicale à typ-e d'adéno-phlegmon est rare. Révélée par une fièvre importante, des douleurs cervicales, un gonflement du cou, elle nécessite une consultation d'urgence auprès de votre chirurgien.

Enfin, une hémorragie massive est exceptionnelle, nécessitant alors un geste d'hémostase sous anesthésie générale.

∎Info 2 ▶ INFORMATIONS MÉDICALES AVANT RÉALISATION D'EXTRACTION D'UN CORPS ÉTRANGER DE LA FOSSE NASALE

Madame, Monsieur,

Votre enfant présente un corps étranger dans la fosse nasale. Celui-ci est responsable d'une obstruction nasale, peut entraîner une surinfection avec écoulement purulent et nauséabond, un saignement ou des maux de tête. Les conséquences peuvent être sévères :

– risque de perforation de la cloison nasale par nécrose ;

– risque de sinusite ;

– risque de fermeture de l'orifice narinaire.

Afin que vous soyez clairement informés du déroulement de cette intervention, nous vous demandons de lire attentivement ce document d'information. Votre chirurgien est à votre disposition pour répondre à toutes vos questions.

N'oubliez pas de dire à votre chirurgien les traitements qu'il prend régulièrement, et en particulier Aspirine, anticoagulants... N'oubliez pas de signaler s'il a déjà présenté des manifestations allergiques, en particulier médicamenteuse. Enfin n'oubliez pas d'apporter, lors de l'hospitalisation, les documents médicaux en votre possession : prises de sang, examens radiologiques notamment.

But de l'intervention

Le but de l'intervention est d'extraire le corps étranger pour restaurer la perméabilité nasale en créant un minimum de dégâts muqueux.

Réalisation de l'intervention

En cas de corps étranger bloqué, et particulièrement chez l'enfant, une anesthésie générale pourra être nécessaire. Une consultation d'anesthésie pré-opératoire est indispensable. Il est de la compétence du médecin-anesthésiste-réanimateur de répondre à vos questions relatives à sa spécialité.

L'extraction s'effectue par voie endo-nasale avec un matériel adapté. Un contrôle avec des instruments optiques peut être réalisé.

La durée d'hospitalisation et les soins post-opératoires vous seront précisés par votre chirurgien.

Risques immédiats

Une hémorragie nasale peut se produire ; elle est en règle parfaitement bénigne.

Risques secondaires

On peut observer une bride cicatricielle dans la fosse nasale. Celle-ci peut être à l'origine d'une obstruction nasale et/ou d'une infection des sinus.

Complications graves et/ou exceptionnelles

Tout acte médical, investigation, exploration, intervention sur le corps humain, même conduit dans des conditions de compétence et de sécurité conformes aux données actuelles de la science et de la réglementation en vigueur, recèle un risque de complication.

En cas de corps étranger facilement mobilisable, et en l'absence d'anesthésie générale, le risque majeur est l'inhalation du corps étranger dans les voies respiratoires trachéo-bronchiques, nécessitant alors son extraction.

▮Info 3 ▸ INFORMATIONS MÉDICALES AVANT RÉALISATION D'UNE RÉDUCTION DE FRACTURE DES OS PROPRES DU NEZ

Madame, Monsieur,

Votre enfant présente une fracture des os propres du nez qui entraîne une déformation de la pyramide nasale avec éventuelle obstruction nasale liée à l'atteinte associée de la cloison.

Afin que vous soyez clairement informés du déroulement de cette intervention, nous vous demandons de lire attentivement ce document d'information. Votre chirurgien est à votre disposition pour répondre à toutes vos questions.

N'oubliez pas de dire à votre chirurgien les traitements qu'il prend régulièrement, et en particulier Aspirine, anticoagulants... N'oubliez pas de signaler s'il a déjà présenté des manifestations allergiques, en particulier médicamenteuse. Enfin n'oubliez pas d'apporter, lors de l'hospitalisation, les documents médicaux en votre possession : prises de sang, examens radiologiques notamment.

But de l'intervention

L'intervention a pour but de restaurer la morphologie du nez, la plus proche possible de l'état précédent l'accident, et de restaurer la respiration nasale. L'os est habituellement bien remis en place. Par contre les cartilages fracturés peuvent avoir tendance à se redéformer secondairement.

Réalisation de l'intervention

Une anesthésie générale est proposée et programmée. Il est de la compétence du médecin-anesthésiste-réanimateur, que vous verrez en consultation avant l'intervention, de répondre à vos questions relatives à sa spécialité.

La réduction de la fracture s'effectue par voie endonasale.

Un méchage endonasal ainsi qu'un plâtre peuvent être mis en place en fin d'intervention. L'ablation du méchage et du plâtre sera effectuée au bout de quelques jours, ce que vous précisera votre chirurgien.

La durée d'hospitalisation et les soins post-opératoires vous seront précisés par votre chirurgien.

Risques immédiats

Dans les suites normales on observe un hématome autour des yeux, ainsi qu'un œdème. Une gêne nasale et un larmoiement sont habituels, liés au méchage.

Risques secondaires

La persistance d'anomalies morphologiques résiduelles est fréquente et dépend de l'importance de la déformation initiale ou est liée à la consolidation de la fracture.

Une obstruction nasale post-opératoire peut être observée, due à la déviation résiduelle de la cloison.

Complications graves et/ou exceptionnelles

Tout acte médical, investigation, exploration, intervention sur le corps humain, même conduit dans des conditions de compétence et de sécurité conformes aux données actuelles de la science et de la réglementation en vigueur, recèle un risque de complication.

La fracture des os propres du nez est une fracture ouverte dans les cavités nasales. De ce fait, un risque infectieux existe, en particulier au niveau du cartilage. Cette infection exceptionnelle appelée chondrite entraîne alors une déformation de la pointe du nez. Une intervention secondaire, dans ce cas, pourra vous être proposée.

∎Info 4 ▶ INFORMATIONS MÉDICALES AVANT RÉALISATION DU DRAINAGE D'UN PHLEGMON PÉRI-AMYGDALIEN

Madame, Monsieur,

Votre enfant présente un phlegmon péri-amygdalien. Il s'agit d'un abcès de la région amygdalienne responsable de la fièvre, de la douleur à la déglutition et de la gêne à l'ouverture buccale. L'échec du traitement médical impose la réalisation d'un drainage chirurgical.

Afin que vous soyez clairement informés du déroulement de cette intervention, nous vous demandons de lire attentivement ce document d'information. Votre chirurgien est à votre disposition pour répondre à toutes vos questions.

N'oubliez pas de dire à votre chirurgien les traitements qu'il prend régulièrement, et en particulier Aspirine, anticoagulants... N'oubliez pas de signaler s'il a déjà présenté des manifestations allergiques, en particulier médicamenteuse. Enfin n'oubliez pas d'apporter, lors de l'hospitalisation, les documents médicaux en votre possession : prises de sang, examens radiologiques notamment.

But de l'intervention

Le but de l'intervention est d'évacuer la collection purulente, permettant de soulager immédiatement la douleur, de traiter le foyer infectieux, et de reprendre l'alimentation par la bouche.

Réalisation de l'intervention

L'intervention se déroule le plus souvent sous une anesthésie générale. Dans ce cas, il est de la compétence du médecin-anesthésiste-réanimateur, que vous verrez en consultation au préalable, de répondre à vos questions relatives à sa spécialité.

L'intervention est réalisée en passant les instruments par la bouche. Une ponction de l'abcès, permettant un prélèvement bactériologique afin d'adapter l'antibio-thérapie, peut précéder l'incision de drainage.

Des soins locaux, avec bains de bouche, sont nécessaires dans les suites. En l'absence d'amélioration franche, une réouverture de l'incision peut être envisagée dans les 24 heures. En l'absence de drainage, il existe des risques infectieux graves. Pour éviter les récidives, l'ablation des amygdales est recommandée.

Risques immédiats

Des crachats sanguinolents sont habituels pendant quelques jours. Compte tenu du siège de l'abcès, au contact d'organes aériens et digestifs, et proche des gros vaisseaux du cou, des complications septiques peuvent apparaître :
- septicémie et choc septique ;
- abcès d'autres espaces péripharyngés et cellulite cervicale ;
- complications respiratoires ;
- thrombophlébite de la veine jugulaire interne.

Risques secondaires

- Échec du drainage avec nécessité de reprise sous anesthésie générale.
- Récidive à distance du phlegmon.

Complications graves et/ou exceptionnelles

Tout acte médical, investigation, exploration, intervention sur le corps humain, même conduit dans des conditions de compétence et de sécurité conformes aux données actuelles de la science et de la réglementation en vigueur, recèle un risque de complication.

L'hémorragie cataclysmique, en cas de malformation de l'artère carotide, est très exceptionnelle.

∎Info 5 ▸ INFORMATIONS MÉDICALES AVANT RÉALISATION D'UNE AMYGDALECTOMIE

Madame, Monsieur,
Votre enfant doit subir une ablation des amygdales.

Afin que vous soyez clairement informés du déroulement de cette intervention, nous vous demandons de lire attentivement ce document d'information. Votre chirurgien est à votre disposition pour répondre à toutes vos questions.

N'oubliez pas de dire à votre chirurgien les traitements qu'il prend régulièrement, et en particulier Aspirine, anticoagulants... N'oubliez pas de signaler s'il a déjà présenté des manifestations allergiques, en particulier médicamenteuse. Enfin n'oubliez pas d'apporter, lors de l'hospitalisation, les documents médicaux en votre possession : prises de sang, examens radiologiques notamment.

But de l'intervention

Les amygdales palatines sont formées d'un tissu lymphoïde normal, situées dans la gorge au niveau du voile du palais, de chaque côté de la luette.

L'ablation des amygdales se justifie pour des infections récidivantes (angines) ou si leur volume gêne la respiration ou la déglutition, ou encore si elles sont responsables de complications infectieuses.

Réalisation de l'intervention

Cette intervention est réalisée, en règle, sous anesthésie générale. Celle-ci sera programmée à la suite d'une consultation auprès du médecin-anesthésiste-réanimateur. Il est de la compétence de ce médecin de répondre à vos questions concernant l'anesthésie.

L'intervention est réalisée en passant les instruments par la bouche.

Dans les suites opératoires persiste, de chaque côté, une petite plaie qui mettra huit à quinze jours à cicatriser. Cette plaie va se recouvrir d'un enduit blanchâtre, souvent nauséabond.

La déglutition est douloureuse comme dans une forte angine, mais la reprise d'une alimentation adaptée, ce qui vous sera précisé, favorise un rétablissement rapide de la déglutition. Des médicaments seront prescrits contre la douleur.

La durée d'hospitalisation et les soins post-opératoires vous seront précisés par votre chirurgien.

Risques immédiats

Compte tenu des instruments utilisés pour réaliser l'intervention, on peut observer des petites lésions de la langue, de la lèvre ou la mobilisation, voire la chute d'une dent de lait en particulier. Ces lésions sont bénignes. Des douleurs dans l'oreille sont habituelles, sans gravité.

On peut observer quelques crachats hémorragiques en post-opératoire.

Des complications infectieuses à type d'otite ou de rares abcès peuvent survenir.

Risques secondaires

L'hémorragie au 8e-10e jour est rare. Elle doit être traitée rapidement et tout saignement, même minime, doit être signalé à votre médecin.

Des modifications de la voix par fuite d'air au niveau du voile du palais peuvent être constatées après la cicatrisation. Elles peuvent nécessiter une rééducation orthophonique.

Des reliquats amygdaliens peuvent parfois subsister et donner lieu à des phénomènes infectieux.

Complications graves et/ou exceptionnelles

Tout acte médical, investigation, exploration, intervention sur le corps humain, même conduit dans des conditions de compétence et de sécurité conformes aux données actuelles de la science et de la réglementation en vigueur, recèle un risque de complication.

Une complication exceptionnelle doit être signalée : c'est l'hémorragie majeure, qui survient en règle pendant l'intervention et qui peut imposer une opération au niveau du cou pour effectuer l'hémostase.

∎Info 6 ▸ INFORMATIONS MÉDICALES AVANT RÉALISATION D'UNE ENDOSCOPIE POUR CORPS ÉTRANGER TRACHÉO-BRONCHIQUE

Madame, Monsieur,

Votre enfant présente un corps étranger inhalé accidentellement dans la trachée ou les bronches qui, du fait de sa nature et de ses caractéristiques (taille, forme…), peut être responsable d'une gêne respiratoire plus ou moins intense et/ou de complications broncho-pulmonaires.

Afin que vous soyez clairement informés du déroulement de cette intervention, nous vous demandons de lire attentivement ce document d'information. Votre chirurgien est à votre disposition pour répondre à toutes vos questions.

N'oubliez pas de dire à votre chirurgien les traitements qu'il prend régulièrement, et en particulier Aspirine, anticoagulants… N'oubliez pas de signaler s'il a déjà présenté des manifestations allergiques, en particulier médicamenteuse. Enfin n'oubliez pas d'apporter, lors de l'hospitalisation, les documents médicaux en votre possession : prises de sang, examens radiologiques notamment.

But de l'intervention

La suspicion de corps étranger trachéo-bronchique nécessite un contrôle endoscopique dans les plus brefs délais, du fait de la gravité des complications potentielles.

Un corps étranger, dans les voies aériennes, déclenche une infection de la partie du poumon qui est mal ventilée. Cette infection peut laisser des séquelles définitives (dilatation des bronches), même après ablation du corps étranger. Le corps étranger peut aussi se mobiliser et obstruer les voies aériennes, provoquant une gêne respiratoire qui peut aller jusqu'à l'asphyxie et au décès.

Le but de l'intervention est d'effectuer l'ablation du corps étranger par les voies naturelles, à l'aide d'un tube souple ou rigide muni d'un système optique grossissant.

Réalisation de l'intervention

L'intervention se déroule, en règle, sous anesthésie générale. Il est de la compétence du médecin-anesthésiste-réanimateur, que vous verrez au préalable, de répondre à vos questions relatives à sa spécialité.

Le fibroscope (tube souple) ou le trachéo-bronchoscope (tube rigide) est introduit par la bouche, puis entre les cordes vocales, pour aller jusque dans la trachée puis les bronches. Divers types de pinces sont utilisés pour retirer les corps étrangers.

Une surveillance minimale de 24 heures est, en règle, nécessaire en milieu hospitalier, afin de dépister d'éventuelles complications.

Dans certains cas, une thoracotomie (abord chirurgical par incision cutanée thoracique) peut être nécessaire ; cette intervention comporte des risques propres. L'exérèse par voie endoscopique doit donc être proposée en premier, chaque fois que cela est possible.

Risques immédiats

En raison des instruments utilisés pour cet examen, peuvent être observés un pincement des lèvres, de la langue, une petite plaie de la cavité buccale, une mobilité anormale d'une dent de lait.

Une laryngite, responsable d'une gêne respiratoire, peut survenir, liée à un œdème laryngé passager. Elle nécessite un traitement médical approprié.

Il est possible que tous les corps étrangers, notamment végétaux (cacahuètes...) ne puissent être retirés la première fois, du fait d'une réaction inflammatoire, hémorragique de la muqueuse, et que d'autres endoscopies soient nécessaires après quelques jours de traitement médical.

Risques secondaires

Il s'agit de surinfection broncho-pulmonaire nécessitant une antibiothérapie et une kinésithérapie avec radiographie de thorax de contrôle à distance de l'endoscopie. Ils sont liés à des corps étrangers de nature végétale ou à des corps étrangers anciens, méconnus.

Complications graves et/ou exceptionnelles

Tout acte médical, investigation, exploration, intervention sur le corps humain, même conduit dans des conditions de compétence et de sécurité conformes aux données actuelles de la science et de la réglementation en vigueur, recèle un risque de complication.

– Une asphyxie brutale peut nécessiter une trachéotomie.
– Une hémorragie brutale des voies aériennes peut nécessiter une intervention d'urgence dans un but d'hémostase, par voie thoracique.
– Un pneumothorax peut nécessiter un drainage pendant quelques jours.

– Un décès par asphyxie brutale ou hémorragie grave restent très exceptionnels.

▮Info 7 ▶ INFORMATIONS MÉDICALES AVANT RÉALISATION D'UNE EXTRACTION DE CORPS ÉTRANGER ŒSOPHAGIEN PAR VOIE ENDOSCOPIQUE

Madame, Monsieur,

Votre enfant, êtes victime d'une ingestion volontaire ou accidentelle d'un corps étranger qui, du fait de sa nature et ses caractéristiques propres (taille, forme...), et des rétrécissements naturels des voies digestives, reste bloqué dans l'œsophage.

Afin que vous soyez clairement informés du déroulement de cette intervention, nous vous demandons de lire attentivement ce document d'information. Votre chirurgien est à votre disposition pour répondre à toutes vos questions.

N'oubliez pas de dire à votre chirurgien les traitements qu'il prend régulièrement, et en particulier Aspirine, anticoagulants... N'oubliez pas de signaler s'il a déjà présenté des manifestations allergiques, en particulier médicamenteuse. Enfin n'oubliez pas d'apporter, lors de l'hospitalisation, les documents médicaux en votre possession : prises de sang, examens radiologiques notamment.

But de l'intervention

La suspicion de corps étranger œsophagien nécessite un contrôle endoscopique dans les plus brefs délais, du fait de la gravité des complications potentielles. Ces lésions, induites par le corps étranger, sont d'autant plus graves qu'il s'agit d'un objet agressif (pointu, piquant, osseux ou métallique, pile, bouton) et que le temps écoulé depuis l'ingestion est important. Spontanément laissé en place, ce corps étranger peut, dans de rares cas, migrer secondairement dans l'estomac ou induire sur place des microabcès œsophagiens, une perforation de l'œsophage, une infection rapidement extensive vers les organes nobles (cœur, gros vaisseaux, plèvres, poumons...)

Le but de l'intervention est d'effectuer l'ablation du corps étranger par les voies naturelles, à l'aide d'un tube souple ou rigide muni d'un système optique grossissant.

Réalisation de l'intervention

Le plus souvent, l'extraction est réalisée sous anesthésie générale à l'aide d'une œsophagoscope (tube rigide). Dans ce cas, il est de la compétence du médecin-anesthésiste-réanimateur, que vous verrez au préalable, de répondre à vos questions relatives à sa spécialité.

L'extraction du corps étranger est réalisée par les voies naturelles et nécessite, en règle, une surveillance minimale de 24 heures en milieu hospitalier à la recherche de complications éventuelles.

Lorsque le corps étranger n'a pas pu être extrait par les voies naturelles, ou lorsqu'il existe une perforation œsophagienne ou une complication, l'extraction du corps étranger peut nécessiter une intervention chirurgicale.

Risques immédiats

En raison des instruments utilisés pour l'extraction du corps étranger (œsophagoscope rigide), peuvent être observés un pincement des lèvres, de la langue, une petite plaie de la cavité buccale, une mobilité anormale des dents.

Risques secondaires

Le risque de sténose, ou rétrécissement de l'œsophage, est exceptionnel.

Complications graves et/ou exceptionnelles

Tout acte médical, investigation, exploration, intervention sur le corps humain, même conduit dans des conditions de compétence et de sécurité conformes aux données actuelles de la science et de la réglementation en vigueur, recèle un risque de complication.

Toute perforation de l'œsophage nécessite un abord chirurgical cervical et/ou thoracique, voire abdominal.

Des complications infectieuses en cas de perforation peuvent entraîner une médiastinite, parfois gravissime nécessitant des soins de réanimation.

Une hémorragie abondante est exceptionnelle et nécessite alors une intervention chirurgicale.

∎Info 8 ▸ INFORMATIONS MÉDICALES AVANT RÉALISATION D'UNE BIOPSIE GANGLIONNAIRE

Madame, Monsieur,

Votre enfant présente un ganglion cervical de nature indéterminée, dont il est demandé de faire le prélèvement.

Afin que vous soyez clairement informés du déroulement de cette intervention, nous vous demandons de lire attentivement ce document d'information. Votre chirurgien est à votre disposition pour répondre à toutes vos questions.

N'oubliez pas de dire à votre chirurgien les traitements qu'il prend régulièrement, et en particulier Aspirine, anticoagulants… N'oubliez pas de signaler s'il a déjà présenté des manifestations allergiques, en particulier médicamenteuses. Enfin n'oubliez pas d'apporter, lors de l'hospitalisation, les documents médicaux en votre possession : prises de sang, examens radiologiques notamment.

But de l'intervention

Le but de cette intervention est de préciser la nature infectieuse ou tumorale, bénigne ou maligne, de ce ganglion hypertrophié.

Réalisation de l'intervention

Cette intervention est réalisée sous anesthésie générale. Il est de la compétence du médecin-anesthésiste-réanimateur, que vous verrez en consultation préalable à l'intervention, de répondre à vos questions relatives à sa spécialité.

L'intervention s'effectue par une petite incision en regard du ganglion. Celui-ci sera prélevé pour différentes analyses (bactériologie, histologie…).

Un examen histologique per-opératoire pourra être demandé pour préciser la nature de la lésion et adapter, si nécessaire, le geste chirurgical.

Le drainage aspiratif n'est pas systématique. Lorsqu'il est mis en place, il est maintenu pendant quelques jours.

La durée d'hospitalisation et les soins post-opératoires seront précisés par votre chirurgien.

Risques immédiats

Un hématome est possible, il est en règle peu préoccupant.

On peut observer également une suppuration locale qui peut entraîner une petite désunion de la cicatrice. Celle-ci nécessitera des soins locaux, prolongera la durée de cicatrisation et peut être responsable d'une cicatrice vicieuse.

Risques secondaires

En dehors de la cicatrice qui peut être fibreuse ou épaisse, douloureuse, on peut observer une petite zone d'anesthésie du cou.

Il faut signaler également la possibilité de douleurs cervicales ou de l'épaule, en règle passagères.

Enfin, selon les résultats histologiques définitifs, une réintervention peut être nécessaire pour compléter le geste chirurgical.

Complications graves et/ou exceptionnelles

Tout acte médical, investigation, exploration, intervention sur le corps humain, même conduit dans des conditions de compétence et de sécurité conformes aux données actuelles de la science et de la réglementation en vigueur, recèle un risque de complication.

∎Info 9 ▸ INFORMATIONS MÉDICALES AVANT EXÉRÈSE D'UN KYSTE DU TRACTUS THYRÉOGLOSSE

Madame, Monsieur,

Votre enfant doit subir l'ablation d'un kyste d'origine malformative, situé à la partie antérieure et haute du cou. Afin que vous soyez clairement informés du déroulement de cette intervention, nous vous demandons de lire attentivement ce document d'information. Votre chirurgien est à votre disposition pour répondre à toutes vos questions.

N'oubliez pas de dire à votre chirurgien les traitements qu'il prend régulièrement, et en particulier Aspirine, anticoagulants… N'oubliez pas de signaler s'il a déjà présenté des manifestations allergiques, en particulier médicamenteuse. Enfin n'oubliez pas d'apporter, lors de l'hospitalisation, les documents médicaux en votre possession : prises de sang, examens radiologiques notamment.

But de l'intervention

Ce kyste, d'origine malformative, peut être inapparent pendant plusieurs années. Lorsqu'il augmente de volume, il devient visible et palpable à la partie antérieure du cou. Il n'y a jamais de disparition spontanée des kystes du tractus thyréoglosse. Le risque évolutif principal est la survenue d'une surinfection du kyste, pouvant aller jusqu'à un abcès avec un risque d'ouverture ou fistulisation au niveau de la peau. Ces épisodes de surinfection ont tendance à se répéter.

Le but de l'intervention est de retirer le kyste et son trajet fistuleux qui peut aller jusqu'à la glande thyroïde vers le bas, jusqu'à la base de la langue vers le haut.

L'abstention thérapeutique avec surveillance peut être proposée pendant un certain temps, mais il est préférable d'en effectuer l'exérèse avant surinfection importante.

Réalisation de l'intervention

L'exérèse d'un kyste du tractus thyréoglosse est effectuée sous anesthésie générale. Il est de la compétence du médecin-anesthésiste-réanimateur, que vous verrez en consultation au préalable à l'intervention, de répondre à vos questions relatives à sa spécialité.

Une incision cutanée horizontale, en regard du kyste, sera effectuée. L'intervention consiste à enlever le kyste dans son intégralité, ainsi qu'un fragment de l'os hyoïde auquel il adhère et l'ensemble du trajet fistuleux pour limiter les risques de récidive.

La durée de l'hospitalisation et les soins post-opératoires vous seront précisés par votre chirurgien.

Risques immédiats

Pendant quelques jours l'alimentation peut être un peu douloureuse, de même que les mouvements du cou.

Un saignement post-opératoire peut survenir, aboutissant éventuellement à la formation d'un hématome du cou. Celui-ci peut entraîner une gêne respiratoire et/ou nécessiter une réintervention.

Une infection de la zone opérée peut survenir, imposant parfois un nouveau geste chirurgical.

Risques secondaires

À plus long terme, la qualité de la cicatrisation peut se détériorer avec apparition d'une cicatrice épaisse, voire formation d'une cicatrice dite « chéloïde ».

Une atrophie, en regard de la zone opérée, peut apparaître, responsable d'une modification des reliefs du cou.

Enfin, même après une intervention bien réalisée, il existe un risque de récidive se manifestant habituellement par un suintement et/ou une surinfection au niveau de la cicatrice.

Complications graves et/ou exceptionnelles

Tout acte médical, investigation, exploration, intervention sur le corps humain, même conduit dans des conditions de compétence et de sécurité conformes aux données actuelles de la science et de la réglementation en vigueur, recèle un risque de complication.

L'hémorragie per-opératoire importante est rarissime.

▮Info 10 ▸ INFORMATIONS MÉDICALES AVANT RÉALISATION D'UNE EXÉRÈSE DE KYSTE OU FISTULE DE LA PARTIE LATÉRALE DU COU

Madame, Monsieur,

Votre enfant doit subir l'ablation d'un kyste ou d'une fistule malformative développée dans la partie latérale du cou.

Afin que vous soyez clairement informés du déroulement de cette intervention, nous vous demandons de lire attentivement ce document d'information. Votre chirurgien est à votre disposition pour répondre à toutes vos questions.

N'oubliez pas de dire à votre chirurgien les traitements qu'il prend régulièrement, et en particulier Aspirine, anticoagulants... N'oubliez pas de signaler s'il a déjà présenté des manifestations allergiques, en particulier médicamenteuse. Enfin n'oubliez pas d'apporter, lors de l'hospitalisation, les documents médicaux en votre possession : prises de sang, examens radiologiques notamment.

But de l'intervention

Les kystes sont des tuméfactions remplies de liquide et les fistules correspondent à un orifice cutané et/ou pharyngé prolongé par un trajet de topographie variable dans le cou. Les kystes peuvent rester plus ou moins longtemps inapparents et se révéler à un âge variable sous forme d'une tuméfaction. Les fistules sont présentes dès la naissance et peuvent avoir été ignorées du fait de leur très petite taille (orifice souvent punctiforme) ou de leur siège uniquement ouvert au niveau du pharynx. Il n'y a jamais de disparition spontanée.

Le risque évolutif principal est la survenue d'une surinfection se manifestant par l'apparition d'une tuméfaction rouge au niveau du cou et/ou l'écoulement de liquide purulent au niveau de la peau. L'évolution vers un abcès est possible.

Le but de l'intervention est de retirer le kyste et/ou la totalité du trajet de la fistule.

L'abstention thérapeutique avec surveillance peut être proposée pendant un certain temps, mais il est préférable d'effectuer une exérèse du kyste avant surinfection importante. Le risque de surinfection disparaît après l'intervention, en l'absence de récidive.

Réalisation de l'intervention

L'exérèse d'un kyste ou d'une fistule de la partie latérale du cou sera réalisée sous anesthésie générale. Il est de la compétence du médecin-anesthésiste-réanimateur, que vous verrez en consultation préalable à l'intervention, de répondre à vos questions relatives à sa spécialité.

L'incision cutanée s'effectue en regard du kyste. L'exérèse d'un trajet fistuleux peut nécessiter plusieurs incisions cervicales, selon la longueur et le trajet de la fistule.

Un système de drainage aspiratif ou non est souvent laissé en place quelques jours. En cas de fistule pharyngée, il peut être nécessaire, dans certains cas, de mettre en place une sonde naso-gastrique d'alimentation.

La durée d'hospitalisation et les soins post-opératoires vous seront précisés par votre chirurgien.

Risques immédiats

La déglutition et la rotation du cou peuvent être douloureuses pendant quelques jours.

La survenue d'un saignement post-opératoire peut aboutir à la formation d'un hématome et entraîner éventuellement une gêne respiratoire ; ceci peut nécessiter une réintervention.

L'infection de la zone opérée peut survenir ; elle peut imposer parfois un nouveau geste chirurgical.

Risques secondaires

À plus long terme, la qualité de la cicatrisation peut se détériorer avec apparition d'une cicatrice épaisse, voire formation d'une cicatrice dite « chéloïde », qui nécessitera un traitement approprié.

Après une intervention correctement effectuée, le risque de récidive est faible mais non nul. Celle-ci peut se manifester par la réapparition d'une masse ou d'un orifice fistuleux avec un éventuel écoulement.

Complications graves et/ou exceptionnelles

Tout acte médical, investigation, exploration, intervention sur le corps humain, même conduit dans des conditions de compétence et de sécurité conformes aux données actuelles de la science et de la réglementation en vigueur, recèle un risque de complication.

∎Info 11 ▸ INFORMATIONS MÉDICALES AVANT RÉALISATION D'UNE CERVICOTOMIE EXPLORATRICE

Madame, Monsieur,

Votre enfant présente une masse cervicale de nature inconnue, malgré divers examens réalisés au préalable (examens biologiques, radiologiques, endoscopiques, cytologiques.) Cela nécessite une exploration chirurgicale.

Afin que vous soyez clairement informés du déroulement de cette intervention, nous vous demandons de lire attentivement ce document d'information. Votre chirurgien est à votre disposition pour répondre à toutes vos questions.

N'oubliez pas de dire à votre chirurgien les traitements qu'il prend régulièrement, et en particulier Aspirine, anticoagulants… N'oubliez pas de signaler s'il a déjà présenté des manifestations allergiques, en particulier médicamenteuses. Enfin n'oubliez pas d'apporter, lors de l'hospitalisation, les documents médicaux en votre possession : prises de sang, examens radiologiques notamment.

But de l'intervention

L'intervention a pour but d'effectuer une exploration chirurgicale, de prélever tout ou partie de la masse pour réaliser un examen histologique per-opératoire et ainsi adapter le traitement.

Réalisation de l'intervention

Cette intervention se déroule, en règle, sous anesthésie générale. Il est de la compétence du médecin-anesthésiste-réanimateur, que vous verrez en consultation préalable à l'intervention, de répondre à vos questions relatives à sa spécialité.

L'incision cervicale s'effectue en regard de la masse, le plus souvent dissimulée dans un pli cutané. L'intervention consiste en une exploration cervicale pour identifier le siège anatomique de la lésion et son origine. La masse cervicale sera prélevée en totalité ou en partie, pour permettre la réalisation d'un examen histologique per-opératoire, un examen bactériologique ou autre.

Selon les résultats, l'intervention peut être poursuivie pour compléter le geste chirurgical.

Un drainage aspiratif sera, en règle, mis en place au niveau de la région opérée ; il sera maintenu pendant quelques jours.

La durée de l'hospitalisation et des soins post-opératoires seront précisés par votre chirurgien.

Risques immédiats

Une hémorragie est possible. Elle est rare mais nécessitera alors un geste chirurgical d'hémostase.

Un hématome peut se produire au niveau de la loge opératoire. Celui-ci peut nécessiter un geste de drainage chirurgical.

Une désunion de la cicatrice, une surinfection de la loge opératoire nécessiteront des soins locaux, un traitement médical, éventuellement une reprise chirurgicale.

Risques secondaires

En dehors de la cicatrice qui peut être fibreuse ou épaisse, douloureuse, on peut observer des zones d'anesthésie au niveau du cou.

Dans certains cas, en l'absence d'identification histologique précise, une seconde intervention peut être nécessaire quelques jours plus tard, orientée par les résultats histologiques définitifs.

Complications graves et/ou exceptionnelles

Tout acte médical, investigation, exploration, intervention sur le corps humain, même conduit dans des conditions de compétence et de sécurité conformes aux données actuelles de la science et de la réglementation en vigueur, recèle un risque de complication.

Une complication hémorragique grave est possible, mais rare. Elle nécessite une réintervention d'urgence.

∎Info 12 ▸ INFORMATIONS MÉDICALES AVANT RÉALISATION D'UNE INTERVENTION POUR OTITE MOYENNE CHRONIQUE

Madame, Monsieur,

Votre enfant présente une otite moyenne chronique qui est une pathologie inflammatoire et/ou infectieuse sournoise, latente, de l'oreille moyenne, responsable d'une surdité qui peut être évolutive avec écoulement chronique de l'oreille ; elle peut évoluer vers des complications graves. Elle nécessite un traitement chirurgical.

Afin que vous soyez clairement informés du déroulement de cette intervention, nous vous demandons de lire attentivement ce document d'information. Votre chirurgien est à votre disposition pour répondre à toutes vos questions.

N'oubliez pas de dire à votre chirurgien les traitements que prend régulièrement votre enfant, en particulier Aspirine, anticoagulants... N'oubliez pas de signaler s'il a présenté des manifestations allergiques, en particulier médicamenteuse. Enfin n'oubliez pas d'apporter, lors de l'hospitalisation, les documents médicaux en votre possession : prises de sang, examens radiologiques notamment.

But du traitement chirurgical

L'intervention a pour but :
– d'explorer et de nettoyer les lésions de l'oreille moyenne : inflammation, infection des os de l'oreille, choléstéatome qui est une tumeur bénigne due à la présence d'épiderme dans l'oreille moyenne et dont l'extension entraîne une destruction lente de l'os avec risque de paralysie faciale, de méningite voire d'abcès du cerveau. Les lésions sont, en règle, dépistées lors d'un bilan radiologique par scanner en pré-opératoire ;
– d'améliorer, si possible, l'audition en restaurant le tympan par une greffe permettant l'étanchéité et en remplaçant les osselets s'ils sont détruits.

Réalisation de l'intervention

L'intervention s'effectue sous anesthésie générale. Il est de la compétence du médecin-anesthésiste-réanimateur, que vous verrez en consultation au préalable, de répondre à vos questions relatives à sa spécialité.

L'abord cutané laissera une cicatrice devant ou derrière l'oreille.

Pour fermer le tympan on utilise l'aponévrose du muscle temporal, muscle situé au-dessus de l'oreille, un greffon veineux ou du cartilage du pavillon de l'oreille.

Pour remplacer les osselets, on utilise des éléments en téflon, en céramique mais aussi des fragments de cartilage pris sur le pavillon de l'oreille.

Pour enlever le cholestéatome, on est souvent obligé d'agrandir la cavité de l'oreille moyenne pour en faciliter l'exérèse et améliorer la surveillance post-opératoire.

La durée d'hospitalisation et les soins post-opératoires vous seront précisés par votre chirurgien.

Risques immédiats

Une surinfection est possible, révélée par un écoulement.

Des vertiges, des bourdonnements ou sifflements de l'oreille peuvent survenir en post-opératoire.

Toutes ces anomalies doivent faire l'objet d'une consultation spécialisée.

Risques secondaires

La fragilité de l'oreille interne peut être responsable de la persistance de bourdonnements d'oreille et de vertiges. De même, elle peut être responsable d'une dégradation progressive de l'audition.

Des troubles du goût peuvent être constatés après l'intervention.

Compte tenu de la voie d'abord chirurgicale, peuvent survenir un rétrécissement du conduit auditif externe qui fera l'objet d'une surveillance post-opératoire appropriée, ainsi qu'un décollement du pavillon d'oreille.

Le cholestéatome peut récidiver, un reliquat peut persister. C'est la raison pour laquelle il vous sera très souvent proposé dans ce cas de réintervenir pour contrôler l'absence d'épiderme résiduel à l'intérieur de l'oreille.

L'intervention, même bien conduite, ne met pas à l'abri d'un échec fonctionnel par nécrose de la greffe et/ou absence de gain auditif.

Complications graves et/ou exceptionnelles

Tout acte médical, investigation, exploration, intervention sur le corps humain, même conduit dans des conditions de compétence et de sécurité conformes aux données actuelles de la science et de la réglementation en vigueur, recèle un risque de complication.

Doivent être signalées la possibilité de complications infectieuses méningées, d'une paralysie faciale, d'une chute auditive pouvant aboutir à une perte totale de l'audition. Ces complications sont liées à l'importance des lésions inflammatoires, des destructions osseuses constatées dans l'oreille. Elles restent exceptionnelles.

▮ Info 13 ▸ INFORMATIONS MÉDICALES AVANT LA POSE D'AÉRATEURS TRANS-TYMPANIQUES

Madame, Monsieur,

L'aérateur trans-tympanique est un tube creux en matériau plastique (diabolo, tube droit ou T tube). Cet aérateur est mis en place au travers de la membrane tympanique après incision, ou paracentèse, du tympan, sous microscope. Cet aérateur tient en place pendant plusieurs mois.

Afin que vous soyez clairement informés du déroulement de cette intervention, nous vous demandons de lire attentivement ce document d'information. Votre chirurgien est à votre disposition pour répondre à toutes vos questions.

N'oubliez pas de dire à votre chirurgien les traitements que votre enfant prend régulièrement, en particulier Aspirine, anticoagulants... N'oubliez pas de signaler s'il a déjà présenté des manifestations allergiques, en particulier médicamenteuse. Enfin n'oubliez pas d'apporter, lors de l'hospitalisation, les documents médicaux en votre possession : prises de sang, examens radiologiques notamment.

But de l'intervention

La mise en place d'un aérateur à travers le tympan a pour but de favoriser l'aération de l'oreille moyenne en cas :
- d'otite séro-muqueuse avec atteinte auditive ;
- de rétraction tympanique.

Cette intervention est proposée après échec des traitements habituels et en l'absence de résorption spontanée de l'otite séro-muqueuse.

Réalisation de l'intervention

Cette intervention est réalisée sous anesthésie générale. Il est de la compétence du médecin-anesthésiste-réanimateur, que vous verrez en consultation au préalable, de répondre à vos questions relatives à sa spécialité.

La durée d'hospitalisation et les soins post-opératoires vous seront précisés par votre chirurgien.

Risques immédiats

Un écoulement de l'oreille peut se produire après l'intervention. Cet écoulement est plus ou moins sanglant, plus ou moins infecté, il peut favoriser l'expulsion précoce de l'aérateur.

Risques secondaires

L'aérateur peut être obstrué par un corps étranger ou par du simple cérumen. Dans ce cas, la pathologie de l'oreille peut récidiver.

Dans de rares cas on peut observer la migration de l'aérateur derrière le tympan.

Une fois l'aérateur expulsé, on peut observer :

– soit une perforation séquellaire du tympan qui peut nécessiter un acte chirurgical ultérieur ;
– soit une modification cicatricielle de la membrane tympanique (atrophie, tympano-sclérose, granulome) comme après tout acte opératoire sur une oreille ;
– soit une récidive de la pathologie.

Complications graves et/ou exceptionnelles

Tout acte médical, investigation, exploration, intervention sur le corps humain, même conduit dans des conditions de compétence et de sécurité conformes aux données actuelles de la science et de la réglementation en vigueur, recèle un risque de complication.

Le risque de perte définitive de l'audition, accompagné éventuellement de bourdonnements d'oreille et/ou de vertiges, est très exceptionnel après cet acte opératoire. Il en est de même de l'inclusion d'épiderme derrière le tympan.

∎Info 14 ▶ INFORMATIONS MÉDICALES AVANT RÉALISATION D'UNE MYRINGOPLASTIE

Madame, Monsieur,

Votre enfant présente une perforation du tympan. La myringoplastie est sa fermeture chirurgicale par une greffe.

Afin que vous soyez clairement informés du déroulement de cette intervention, nous vous demandons de lire attentivement ce document d'information. Votre chirurgien est à votre disposition pour répondre à toutes vos questions.

N'oubliez pas de dire à votre chirurgien les traitements que prend régulièrement votre enfant, en particulier Aspirine, anti-coagulants. N'oubliez pas de signaler s'il a présenté des manifestations allergiques, en particulier médicamenteuse. Enfin n'oubliez pas d'apporter, lors de l'hospitalisation, les documents médicaux en votre possession : prises de sang, examens radiologiques notamment.

But de l'intervention

Son but est d'assurer l'étanchéité de l'oreille, d'éviter les surinfections (douches, piscine...) et d'améliorer, si possible, l'audition.

Réalisation de l'intervention

Cette intervention est réalisée sous une anesthésie générale. Il est de la compétence du médecin-anesthésiste-réanimateur, que vous verrez en consultation au préalable, de répondre à vos questions relatives à sa spécialité.

L'intervention nécessite en règle un abord cutané qui laissera une petite cicatrice devant ou derrière l'oreille. Cette technique opératoire varie avec le type de perforation et l'existence ou non d'une otite chronique sous-jacente. La greffe utilisée est soit un fragment de veine, soit un fragment d'aponévrose prélevée sur le muscle temporal (au-dessus de l'oreille), soit un fragment de cartilage prélevé sur le pavillon de l'oreille.

Dans certains cas cette intervention peut s'accompagner d'un contrôle des osselets de l'oreille, d'une exploration de la mastoïde, os situé derrière l'oreille, ou d'un abord du conduit auditif externe.

La durée d'hospitalisation et les soins post-opératoires vous seront précisés par votre chirurgien.

Risques immédiats

Une douleur de la région opératoire ou une gêne à la mastication sont banals dans les premiers jours qui suivent l'intervention.

Risques secondaires

Une nécrose de la greffe est possible, liée à une surinfection. De ce fait, tout écoulement d'oreille après l'intervention doit être signalé au chirurgien.

Un rétrécissement du conduit auditif externe, dû à la voie d'abord chirurgicale, fera l'objet d'une surveillance post-opératoire appropriée.

Des troubles du goût peuvent persister après intervention.

L'échec fonctionnel, avec absence de gain auditif et/ou avec perforation résiduelle de la membrane tympanique, peut être constaté après cicatrisation.

Complications graves et/ou exceptionnelles

Tout acte médical, investigation, exploration, intervention sur le corps humain, même conduit dans des conditions de compétence et de sécurité conformes aux données actuelles de la science et de la réglementation en vigueur, recèle un risque de complication.

Peuvent être observés :
- une paralysie faciale qui nécessitera un traitement approprié ;
- une inclusion d'épiderme à l'intérieur du tympan, justifiant une intervention secondaire ;
- une dégradation de l'audition pouvant aller jusqu'à la surdité totale (cophose), avec vertiges ou bourdonnements et sifflements d'oreille ; ce risque est exceptionnel.

■Info 15 ▶ INFORMATIONS MÉDICALES AVANT RÉALISATION D'UNE OTOPLASTIE

Madame, Monsieur,

Votre enfant présente une malformation du ou des pavillons de l'oreille. L'otoplastie a pour but de la corriger.

Afin que vous soyez clairement informés du déroulement de cette intervention, nous vous demandons de lire attentivement ce document d'information. Votre chirurgien est à votre disposition pour répondre à toutes vos questions.

N'oubliez pas de dire à votre chirurgien les traitements que prend régulièrement votre enfant, en particulier Aspirine, anticoagulants... N'oubliez pas de signaler s'il a présenté des manifestations allergiques, en particulier médicamenteuse. Enfin n'oubliez pas d'apporter, lors de l'hospitalisation, les documents médicaux en votre possession : prises de sang, examens radiologiques notamment.

But de l'intervention

Cet acte chirurgical, à visée esthétique, a pour but de remodeler le pavillon de l'oreille.

Réalisation de l'intervention

Cette intervention est réalisée le plus souvent sous une anesthésie générale. Il est de la compétence du médecin-anesthésiste-réanimateur, que vous verrez en consultation préalable, de répondre à vos questions relatives à sa spécialité.

Une anesthésie locale pour être effectuée seule ou en complément de l'anesthésie générale, en utilisant de la xylocaïne.

L'intervention comporte une incision cutanée derrière l'oreille, permettant un travail des structures cartilagineuses du pavillon par des incisions appropriées. Une fermeture cutanée est effectuée avec un pansement compressif.

La durée de l'hospitalisation et les soins post-opératoires vous seront précisés par votre chirurgien.

Risques immédiats

Le risque principal est celui d'une hémorragie post-opératoire responsable d'un hématome. La survenue d'un hématome implique une évacuation de celui-ci, donc une reprise opératoire et un pansement compressif plus prolongé.

Risques secondaires

– Infection post-opératoire beaucoup plus rare, se manifestant par des douleurs de l'oreille et un aspect inflammatoire du pavillon. Cette infection requiert un traitement antibiotique approprié pour prévenir une infection cartilagineuse.
– Si les résultats morphologiques sont le plus souvent satisfaisants, dans quelques cas des irrégularités des zones de plicature peuvent être constatées. Il est, en outre, difficile d'assurer une symétrie parfaite des deux pavillons de l'oreille.
– Des troubles sensitifs peuvent s'observer au niveau de la cicatrice, pouvant gêner le port de lunettes.
– Le pavillon d'oreille reste sensible pendant plusieurs semaines.

Complications graves et/ou exceptionnelles

Tout acte médical, investigation, exploration, intervention sur le corps humain, même conduit dans des conditions de compétence et de sécurité conformes aux données actuelles de la science et de la réglementation en vigueur, recèle un risque de complication.

Les hématomes favorisent les complications infectieuses et, en particulier, les chondrites (infection du cartilage du pavillon de l'oreille) qui peuvent aboutir à une nécrose avec destruction quasi totale du cartilage de l'oreille, laissant persister une oreille petite et souvent très déformée.

Dans de très rares cas, imprévisibles, la cicatrice cutanée rétro-auriculaire peut s'épaissir et prendre un caractère hypertrophique disgracieux, réalisant une cicatrice chéloïde.

bibliographie

[1]   Cotin G., Bodard M., Flageul G., Manach Y., *ORL de l'enfant*, Masson.

[2]   Dugas M., Anzieu D., *Orthophonie*, EMC ORL 20 752 C10, 1962.

[3]   Fischer A., *La femme, médecin du foyer*, traduit par Azamea L., Kaplan M., E. Posselet et Cie Éditeurs, Paris.

[4]   Garabedian E.N., Bobin S., Monteil J.P., Triglia J.M., *ORL de l'enfant*, Flammarion.

[5]   Guerrier Y., Mounier Kuhn P., *Histoire des maladies de l'oreille, du nez, et de la gorge*, Édit. Roger Dacosta, Paris.

[6]   Legent F., Fleury P., Narcy P., Beauvillain C., *Manuel Pratique d'ORL*, Masson.

[7]   Morgon A., Aimard P., *Orthophonie*, Masson.

[8]   Portmann M., *Précis d'Oto-Rhino-Laryngologie*, Masson.

[9]   Tarneaud J., Cornut G., *Les troubles vocaux de la mue*, EMC ORL, 20 752 A20, 1962.

table des matières

118

Aubin Imprimeur

LIGUGÉ, POITIERS

Achevé d'imprimer en décembre 2002
N° d'impression L 64513
Dépôt légal décembre 2002
Imprimé en France